CULTIVATING ACADEMIC COMPET
A GRADUATE STUDENT'S

研究生学术能力
养成指南

◎ 王前 著

大连理工大学出版社
Dalian University of Technology Press

图书在版编目(CIP)数据

研究生学术能力养成指南 / 王前著. -- 大连：大连理工大学出版社，2025.4. -- ISBN 978-7-5685-5628-6

Ⅰ.G643

中国国家版本馆 CIP 数据核字第 2025JX8705 号

研究生学术能力养成指南
YANJIUSHENG XUESHU NENGLI YANGCHENG ZHINAN

大连理工大学出版社出版

地址：大连市软件园路 80 号　　邮政编码：116023
营销中心：0411-84707410　84708842　邮购及零售：0411-84706041
E-mail：dutp@dutp.cn　　URL：https://www.dutp.cn
大连图腾彩色印刷有限公司印刷　　大连理工大学出版社发行

幅面尺寸：160mm×230mm　　印张：12.25　　字数：139 千字
2025 年 4 月第 1 版　　　　　　　　　　2025 年 4 月第 1 次印刷

责任编辑：王　伟　李宏艳　　　　　　　责任校对：周　欢
　　　　　　　　　封面设计：奇景创意

ISBN 978-7-5685-5628-6　　　　　　　　定　价：59.00 元

本书如有印装质量问题，请与我社营销中心联系更换。

前　言

本书主要写给在读研究生(包括硕士生、博士生),也可以供有过研究生学习经历的青年学者和将要考取研究生的高年级本科生借鉴参考,目的是与同学们一起讨论研究生学习过程中经常遇到的一些带有普遍性的问题,期望起到消除困惑、开启思路的作用。当同学们由本科生变为研究生的时候,大家应该好好思索一下:研究生的"研究"二字意味着什么? 怎样才能开启研究之"门",进入"研究"状态,成为合格的研究生呢?

有些人说研究生学习的特点无非就是比本科生时读书更多,学习更刻苦,还要主动接受导师指导,学会写论文。唐代诗人韩愈曾经说过"书山有路勤为径,学海无涯苦作舟",这是很多研究生不断勉励自己的格言。研究生期间努力刻苦学习固然重要,但仅靠这一点好像还不够,因为很多人即便这样做了仍然面临种种困境。有时候会感到学习方向迷茫无从下手,有时候不知如何确定研究选题,有时候写论文投稿屡屡不中,有时候听到导师和来自其他方面的批评意见却不知如何调整,苦于找不到摆脱这些困境的出路。在学习、就业、工作、生活等方面的压力随着年龄变化而逐渐增大的时候,这些困境让不少研究生感到喘不过气来,感觉研究之"门"很沉重,很难开启。他们为此产生各种疑惑:"我读书确实很勤奋,学习也很刻苦,为什么效果还是不理想?""为什么学习同一门课程、在同一条起跑线上、在同一个专业搞学术研究、投入了同样的时间和精力，甚至采用了同样的方式、路径，我的成绩就不如别人呢？""为什么有些人看上去并不很辛苦，却取得了很不错的成绩？如果说这是天分使然，那我拼命努力又有什么用？"这些疑惑最终可以归结为一个问题：面对研究生学习过程中的困境，有没有开启研究之"门"的合适路径和方法呢？这样的问题在硕士研究生刚入学时可能比较突出，其中有些问题也可能到了高年级硕士生甚至到了攻读博士学位的时候仍然没有彻底解决。

一旦置身于上述这些令人心烦的困境中，我们就需要冷静琢磨一下问题症结究竟在哪里。很多同学可能逐渐意识到，攀登书山不能只靠勤奋，学海泛舟不能只靠吃苦，给学术刊物投稿仅凭运气是不行的，想依靠导师耳提面命告知所有研究和写作步骤是不行的。这里的关键是要从整天忙于解决各种具体问题的思路中解脱出来，将自己的思维提升到方法论层次。要注意这里所说"方法论"不是指每个学科里具体的解题方法、实验方法、写作方法，而是对做学问的一般规律和准则的思考，是学问之"道"而不是"术"，要解决的都是整体性、战略性、根本性的问题，比如怎样选择研究方向、确定研究规划、掌握学术规范、协调研究活动中各种关系等。如果方法论对头，犹如学海行舟有坚实的船体和正确的航向，再加上刻苦努力，才有希望达到预期的彼岸。掌握了学术研究的方法论，才会理解什么是"研究"，才能真正开启研究之"门"，顺利完成研究生学业。本书就是想和同学们讨论这方面的方法论问题。人们时常以为只有大学者们才有资格谈方法论，实际上方法论涉及所有学者，而研究生在起步阶段就应该认真面对并主动实践。本书中提出了九个这样的问题，未必能涵盖这方面的所有问题,但基本上都是研究生面临的比较迫切需要解决的共性问题。

下面还要说一下为什么由我来写这样一本书,也许会给读者提供一些特别的启示和帮助。这主要不仅是因为我多年从事学术研究和教学工作,自己读过研究生,也指导过很多研究生,有过亲身经历和一些经验积累,还因为我的学术经历中也曾经有过与现在的研究生类似的困境,而且当时处在更困难的条件下,吃过更多的苦,走过更多的弯路,所以对这些方法论问题有着更深切的体会。我在初中即将毕业的时候赶上"文化大革命",接着下乡插队当了七年半的"知青",然后到工厂当了三年多工人。其间主要靠自学和一些学界前辈的指导帮助,克服重重困难,后来跨越高中和大学本科阶段,直接考取了东北师范大学的硕士研究生。研究生毕业后先后在辽宁教育学院和沈阳师范大学任教(评上教授后又去东北大学在职读了博士学位),逐渐积累学术成果,改善学术环境,再后来成为大连理工大学的教授和博士生导师。这中间有多少艰难困苦,别人并不完全清楚。我的研究领域从数学哲学延伸到科学思想史、中西文化比较、技术哲学、科技伦理、机体哲学等领域,在不算充裕的时间里发表了不少著述,带出了一些很不错的学生,这一切究竟是怎么来的?不能排除这里面有运气因素,我有幸遇到了一些非常好的老师,在关键时刻伸出援手,转变了我的命运。此外起作用的主要是基于自己的经验教训总结出来的治学体会和方法,其中很多都属于学术研究方法论的内容,这大概是研究生更感兴趣的。我希望通过现身说法,讲述个人经历中那些令人深刻印象的故事、人物、体验,使读者了解应该如何安排自己的目标、计划、途径、时间,如何少走弯路、更快进步。每个人的经历都不可能完全复制和效仿,但可以从中得到借鉴和启发。世上没有普遍适用的"成功秘诀",学术生涯的个人特异性更为明显。然而有一个通则,就是孔子讲的"学而不思则罔,思而不学则殆"。这里的"思",主要就是做学问的方法论。本书作为具有一定个人特色的开启研究之"门"的方法论读物,注重亲身体验和实例,希望读者从中获得启发,从不同角度取得或多或少的收获。

我曾经与指导过的研究生交流过本书中的部分内容,也给我所在学校和国内其他一些大学的在读研究生做过专题讲座,他们感到收获很大,并热心提出了很多意见和建议,这对于充实和完善本书内容有相当大的帮助。在此我要向这些同学表示衷心感谢。本书中还有些内容来自我从学界前辈那里得到的指点和平时与朋友、同事交流中获得的启示,也应该向他们表示感谢。本书的结构设计和编排在一定程度上体现了我的专业特点。作为一名哲学工作者,我倾向于从哲学体验性质的视角思考开启研究之"门"的方法论问题。我的研究方向又偏重于现代科技发展和社会生活变化带来的哲学问题,因而所举的事例往往带有具体研究问题的不同知识背景,这也可以为读者展现学术研究的一道别致风景。本书很难照顾到其他学科专业的不同特点和需要,但研究生学习过程中的方法论问题往往共性大于个性,不同学科在这一点上有很多相通之处,因此本书中的内容应该有相当广泛的适用性。希望研究生能够举一反三,联系自身的专业特点展开更广泛的思考,达到触类旁通的效果。

王 前

2025 年 3 月

目 录

一、"学"与"问" /1

(一)何谓"学问"？/1

(二)研究生如何形成问题意识？/3

(三)研究生应该如何选题？/7

二、"学"与"思" /13

(一)为何"学而不思则罔,思而不学则殆"？/13

(二)"学"与"思"为什么会脱节？/20

(三)如何保证"学"与"思"的有效互动？/23

三、"学"与"习" /27

(一)"学而时习之"的含义 /27

(二)学习的"大模型" /32

(三)学习与超越 /37

四、"学"与"术" /39

(一)学术的基本规范 /39

（二）学术研究方法与技能 /44

（三）如何防范学术不端？/49

五、"学"与"研" /53

（一）"学"与"研"的相互促进 /53

（二）"学"与"研"的相互制约 /57

（三）学术研究方案与调整 /60

（四）如何参与科研课题？/65

六、"学"与"缘" /67

（一）如何与导师相处？/67

（二）如何进行学术交流？/72

（三）如何开展学术合作？/81

七、"学"与"业" /84

（一）如何制订专业发展规划？/84

（二）如何利用时间资源？/105

（三）如何进行自我评价？/115

八、写作与表达 /121

（一）锻炼谋篇布局的能力 /121

（二）珍惜指导和批评意见 /127

（三）追求文气贯通的境界 /131

九、研究生的心理素质养成 /137

（一）如何自主学习？/137

（二）如何摆脱发展困境？/150

（三）如何培养创造能力？/155

结　语 /168

附　录 /170

附录一　读研究生时的一些亲身体会 /170

附录二　指导研究生的一些深切感悟 /178

一、"学"与"问"

在人们的心目中,研究生应该是比本科生更关注做"学问"的人,研究生导师更强调培养研究生的"问题意识"。能够学会提出问题和解决问题,是开启研究之"门"的第一步。所以我们关于研究生应该了解的学术研究方法论的讨论,先从"学"与"问"的关系谈起。

(一)何谓"学问"?

人们通常说一个人有"学问",主要指一个人学识渊博,比一般人知道得更多,甚至有真知灼见。可是为什么要把"学"和"问"联系在一起表示这种状态呢?从字面的意义上讲,学识渊博应该是靠不断地"问"出来的,"学问"的"问"是指学习过程中主动发问、勤学好问、不耻下问,如《论语》中所说"子入太庙,每事问"[1]。不懂即问,不能不懂装懂。如能虚心求教,知识当然就会越来越多。"学问"也包括自己给自己设问,能够敏锐意识到自己的认知和实践领域有哪些问题还没有解决,抓住问题的实质,具备解决问题的能力。对于研究生来说,就是要具备问题意识,知道如何从学术研究的角度识别和选择问题,这和解决现实生活中具体问

---

[1]《论语·八佾》。

题的要求是不一样的。

在现实社会生活中要解决的问题，一般说来有七个要素，这就是要辨析某一事物或事件是什么（what）？何时发生（when）？何地发生（where）？与谁相关（who）？为什么会发生（why）？应该如何对待（how）？如何把握分寸（how much）？这种方法简称"5W2H分析法"，源自第二次世界大战期间美国陆军兵器修理部门分析技术问题时创设的一种标准模式，后来被广泛用于企业管理和技术管理活动，从学术研究角度也可以借鉴。① 然而学术研究要解决的问题指的是整个学术界至今尚未解决的理论问题和实践问题。所谓学术研究的创见或创新，是给学术界已有的知识成果增添新的观点、内容和方法。而学术研究的问题意识指的是需要弄清楚学术界已有的研究进展前沿在哪里，究竟什么问题尚未解决，以及同学们或者某个学者是否具备解决这个问题的能力。现在研究生论文写作训练特别强调在国内外文献综述方面下功夫，就是要使学生了解到从事学术研究应该认真考虑那些学术界需要解决而且自己也有可能解决的问题，而不是由自己来随意判断想解决什么问题或者该解决什么问题。如果研究生在这方面训练不到位，很可能会去研究一个从学术研究角度看根本不认为是问题的问题（"伪问题"，就是前人已经研究完了且有明确结果的问题，只是研究生本人还不知道；或者问题的提法本身就不科学），也可能是没必要研究的问题（没有理论价值和社会需求），或者研究生自己现在还根本无力解决的问题（问题难度过大，超出了研究生现阶段的实际水平）。研究生培养过程中的"开

---

① 杨骞、李善良：《"5W2H"研究法及其应用》，《辽宁教育》2002年第1期。

题"环节,就是要解决这方面的问题。

下面谈一下我在这方面的亲身体会。我读博士研究生时的导师是东北大学的陈昌曙教授,他是我国技术哲学研究的开创者和引路人。实际上我很早就成为他的私淑弟子,但直到1997年才正式到他那里在职攻读博士学位,所以他说我是他的"当了教授又来读博士的第一个学生"。这种学习方式有着很多意外收获。我对研究生的问题意识有比较深入的理解,就直接来自他的启示。陈昌曙教授以思维敏锐著称。他在批评有些学生缺乏问题意识的时候常说:"别人赞同的事情你都赞同,别人反对的事情你都反对,你的创见在哪里?"这个批评意见一下子点到了要害。现在很多研究生最头疼的事情是找不到该研究的问题在哪里。他们在读书或听报告时很容易完全信服作者或报告人的观点,觉得很有道理,于是顺着作者或报告人的思路走,这时他们可能面临的主要问题是有些地方还没完全弄懂,他们并不知道其中有什么问题值得进一步研究,更不能提出质疑或者不同见解。如果他们了解到学术界对某些问题一直有不同观点,出现了不同学派,还在相互争论之中,而且听起来各派观点都有一定道理,更会觉得无所适从。对于在学术研究中一定要体现问题意识的要求,他们觉得很茫然:为什么学术研究非要突出问题意识?为什么一定要我去找问题?我怎么知道去哪里找问题?苦于找不到应该研究的合适的学术问题,不知道如何形成问题意识,是很多研究生面临的首要困境。

(二)研究生如何形成问题意识?

当研究生开始思考如何确定学术论文或者学位论文的选题

时,有些人很想走捷径,希望从老师或者同学那里得到某种启发,或者在浏览期刊、书籍时产生灵感,突然就得到一个好题目,定下来之后再回过头来系统梳理国内外相关文献和研究动态,这样既省事效率又高。然而这种事情往往可遇而不可求,绝大多数情况下还是需要先扎扎实实做好相关研究方向上系统的国内外文献研究整理工作,真正进入学术前沿领域,才能够找到适合自己的有价值、有希望的研究题目。有些人不愿意下这个苦功夫,于是想另辟蹊径,比如从兴趣出发追逐"热点"(看别人研究什么,就跟着研究什么,特别是追随学术界当下讨论最多的问题,觉得大家都研究的领域肯定更有发展空间),或者专挑"冷门"(看别人不研究什么,就专门研究什么。这往往是有些研究生突发奇想的结果,以为"冷门"研究可能更容易出成果,但对是否真正属于"冷门",或者自己是否有能力开展这方面研究,心里并没有数)。无论怎样选择,这里其实都涉及"投入—产出"的效益问题。很"热"或很"冷"的方向和目标都很诱人,可是选错了都会浪费许多时间和精力。有些学生在经过各种尝试发现都不可行之后,只好任由导师或课题组随便指定一个研究题目。这些学生没有经过培养"问题意识"的环节,将来毕业后一旦要靠自己确定研究选题时,往往能力很弱,找不到合适的研究方向和出路。他们在读研究生期间,在导师指导帮助下,或者与导师合作,可能发表一些很不错的研究成果,毕业后一旦走上工作岗位就显出"后劲"不足,很难再有重要的研究成果持续发表。实际上,在学术生涯起步阶段得到导师过多呵护,缺少"问题意识"的培养,并不是什么好事。在没有形成"问题意识"的情况下按规定动作读完研究生,其实相当于大学本科的延续,或者说是在继续读"大五""大六",这就失去了读研究生的根本意义。

还有些研究生最初的学位论文选题看上去很合理，"问题意识"很明确，思路很清晰（这多半是"开题"时导师指点或导师组集体把关的结果），于是他们放心大胆写下去，直到学位论文初稿基本完成，到了中期检查或预答辩评议时，却有评审专家告知学位论文的基本思路和整体框架都有问题，甚至学科属性都成问题，可是想彻底返工又觉得工作量很大，因为研究生学习的规定年限已经过半，时间上已经来不及了，于是深陷困境。出现这种状况多半是由于一些跨专业考生进入新的研究领域后，并未认真了解这个新领域的研究基础、范式、标准，很少参加相关学术活动或与专业学者交流，缺少"问"的功夫，并没有搞清楚自己当下要研究的问题具有何种学科属性和特征，怎样做才能不"跑偏"，结果写来写去又回到原来熟悉的本科专业上去。我所在的哲学学科就遇到过这种情况，一些原来学社会学、文学、语言学、管理学的学生跨专业来学哲学，辛辛苦苦写出的论文却得到这样的评论："写作很规范，文笔也不错，但这不是哲学。"不过，原来学理工科的跨专业研究生中这种情况相对少些，因为按照理工科论文的路子写不出哲学论文，他们相对而言比较重视了解哲学的学科属性和表达方式。有些跨专业考上来的研究生，对新领域缺乏深入了解的兴趣，投入的精力也有限，仅仅以顺利完成学业拿到文凭为目标，并不想在新领域一直延续自己的学术生涯，所以在"学"上是一种"底线思维"，在"问"上缺乏热情，并没把新领域里的研究真正当成"学问"。

除此之外，在处理"学"与"问"的关系问题上，研究生容易陷入困境的原因还在于对可能的创新点的误判。有些人可能发问:"我研究了一个前人没有研究过的问题,这不属于创新吗?""我提出了前人没有提出过的见解,这不属于创新吗?""我运用了前人从来没有用过的方法解决问题,这不属于创新吗?"这里首先需要反思的是"前人没有……",证据在哪里?如果说"我至今还没有见到……",那是很危险的。人们的认知范围和对信息的了解程度往往是有限的,自己没见到的事情不等于没发生。如果自己的研究工作一开始觉得很可能带来超越前人的创新,当然很有诱惑力,但需要仔细检查自己对前人已有的研究成果了解是否周全、是否深入、是否准确,这就需要充分发挥"问"的作用,主动请教导师,请教本学科领域的专家,甚至不断给自己设问,看看自己的研究成果是否真的有所创新。只有经过充分的国内外文献调研,才敢有底气地说"前人没有……"。我记得有一次参加国际性的学术会议,听一位欧洲学者做有关笛卡儿的学术思想的学术报告。报告人在论证自己提出的新观点时大量引用笛卡儿著作和相关研究的原始文献,分析推理很细致,听起来相当专业,大家都很佩服。毕竟这是欧洲学者在谈笛卡儿,还能有什么问题呢?可是在讨论环节,一位日本学者站起来明确指出报告人在理解和运用笛卡儿的原著方面存在"硬伤",这位学者就是著名的日本科学史家佐佐木力教授[①],他是笛卡儿学术思想研究的国际顶尖学者之一,他的《笛卡儿的数学思想》一书曾被收入国际上最权威的《波士顿科学哲学研究丛书》之中。所以,刚开始学术生涯的年轻学者一定要慎言自己的工作已经"超越前人"或"填补空白"。

[①] 李梁:《从奥羽山麓走出的"学狂"——纪念佐佐木力先生(1947—2020)》,《科学文化评论》2021年第6期。

前面说过,学术界认可的创见或创新是给学术界已有的知识成果增添新的观点、内容和方法。如果仅仅是梳理了前人的某种学术思想、成果、影响,或给出了自己的表达方式,实际上是换一种方式复述前人的工作,本质上并没有多少创新之处。有些研究生对自己研究工作的创新程度的衡量标准,是相对于自己以前的认知水平而言的,觉得对自己来说确实有新的收获、新的提高,达到了新的思想境界,却没有想到是否"创新"要由学术界普遍认可的标准来衡量,要从学科领域整体发展的状况出发来衡量。提升"问题意识"的更高要求,是能够敏锐发现前人没有看到的新问题,包括在学术界已有知识成果和研究进展中发现尚未解决的新问题,比如已有知识成果中的逻辑缺陷、史料误传、观念冲突等;也包括在听身边的人做学术报告、陈述自己观点、交流不同意见时,能够发现其中观点、理由、方法上存在的各种问题。想做到这一点,不仅需要很强的逻辑思维能力,还需要深厚的知识基础和广博的研究背景。

(三)研究生应该如何选题?

培养研究生具有问题意识,最终要落实到如何选题上面,这里不仅包括学位论文的选题,也包括在读期间要发表的期刊论文的选题。研究生如何选题,要同学科方向、培养目标、培养计划相结合。一个好的选题,应该符合以下几条参考性的标准。

其一,在自己的专业领域里,慎重选择一个学术界确实有待解决的新问题。

研究生在平常听课、参加学术会议、浏览文献、交流讨论的过程中,应该随时留意学术界正在研究哪些新问题,有哪些不同见解,涉及哪些相关的文献资料,从中选择一个自己有可能提出独到见解的问题。这就需要在参加各项学术活动时做一个"有心人",带着问题意识主动选择问题。我见过不少研究生在阅读文献和参加学术活动中受到启发产生灵感,明确了具体研究方向和思路。有时候只是读了一本书,听了一次学术报告,就影响到以后持续多年的研究活动。可是也有不少研究生不太喜欢阅读和参加学术活动。他们以完成学业最低考核标准为目的,不愿意读更多看起来枯燥无味的文献资料,听那些没有强制要求的学术报告,即使去听也不"走心",所以很难自己发现新问题,当然也就很难长"学问"。

还应注意,对有待研究问题的最初选择也可能是不完全准确的,需要进一步核实、矫正、完善。由于知识面所限,研究生一开始可能对有些学术界热议的新问题研究状况并没有全面了解,也可能并不完全清楚这些问题的研究进展,或这些问题目前是否有足够的理论和事实根据可以解决。要注意,在谈到当代科技前沿进展的问题时,有些文献资料可能包含不准确的内容,甚至有过度推测和幻想的成分。比如对当代生成式人工智能的社会影响的评述,现在有些非专业人士的评价就带有很强的科学幻想色彩,以为"超级人工智能"很快会战胜或者取代人类智能①。由此催生出来的对相关哲学问题和社会问题的讨论,很难说是学术上有现实意义的新问题。

---

① 埃里克·J.拉森:《造神——人工智能神话的起源和破除》,滕佳琪译,中国科学技术出版社,2023。

其二，在自己的专业领域里，要选择一个确实具有重要理论价值和现实意义的新问题。

并非所有在学术上没有定论的新问题都是值得研究的问题，因为学术研究的选题方向要考虑是否具有重要理论价值和现实意义。就理论价值而言，每个学科领域的理论研究都有其内在逻辑，就是随着理论知识增长和新的科学事实被发现，探索一个学科内新的普遍规律和理论模型，研究出新的方法和工具，能够有更强的解释力和预测能力，推动理论研究的深入。就现实意义而言，理论研究成果应该能对解决现实问题发挥指导作用，产生实际经济效益和社会效益，显著推动社会进步、生产和生活的发展。判断选题是否具有理论价值和现实意义的一个重要参照标准，是每年国家自然科学基金委员会、全国哲学社会科学工作办公室、中华人民共和国教育部社会科学司、中国科学技术协会等单位发布的科研选题指南或者导向性要求，这些文件比较集中地体现国家对学术研究的理论价值和现实意义的需求。还可以关注学术界在一定时期内集中讨论的理论问题和现实问题，包括一些权威期刊刊发稿件的关注重点。多年来我坚持定期全面浏览本学科领域内重要学术期刊的文章内容，从中了解学科发展的整体动态。我将这一方法传授给我指导的研究生，他们受益匪浅。

在选题判断标准上，还需要考虑自己确定的研究方案和目标在理论价值含量与研究难度上状况如何。选题的研究对象很重要，并不等于围绕这一对象要解决的每个具体问题也都很重要，关键要看想解决什么性质的问题，能解决到什么程度。如果只是把这个研究领域的动态梳理一遍，做一点分类、归纳、整理的工作,很难说有什么重要价值。衡量选题的价值和意义大致可分四个层次。

第一个层次是具有高度原创性的选题,不仅有全新的研究视角和思路,而且提出了全新的概念、原理和方法,能够解决学术界长期以来未突破的难题,带来理论体系和应用领域的重大改观。这类选题很难见到,但也不是没有过。不少大科学家和人文社会科学领域著名学者年轻时完成的博士学位论文就很出色,具有很强的原创性,比如爱因斯坦的博士论文、马克思的博士论文等。从他们的传记中不难找到这方面的例子。

第二个层次是部分具有原创性的选题,解决了学术界一直关注的重大问题的某一方面、某个局部问题及某个关键环节。好的研究生学位论文或学术论文选题都应该追求这个层次。特别是博士学位论文带有部分原创性的选题,往往决定了博士生毕业后很长一段时间的研究方向。

第三个层次是具有创新性的选题,要求选题能够在学术研究前沿的关键问题探索中提供新的研究视角和方法,有新观点、新见解、新思路,并带有一定的启发性;或者提供新的研究证据、文献史料、案例,对学术界已有研究成果的阐释具有重要价值。研究生的选题一般不应低于这一层次。

第四个层次是具有一定新意的选题,主要是对学术界已有的研究成果和动态进行了梳理和初步的逻辑思维加工。从培养研究生的角度看,这样的选题还达不到培养研究生独立从事科学研究工作的能力的目标。这个层次的选题往往属于对现有研究框架的局部修正和补充性的工作。

其三,研究者在自己的专业领域里,应选择一个符合自身知识结构和能力的创新性课题。要量力而行。

受各种条件限制,研究生选题必须考虑从自己的实际情况出发,使自己的知识结构和能力足以支撑起相关的研究活动。比如有些具有跨学科性质的选题,需要同时具备不同学科的专业知识基础,这些选题就不适合原有知识基础比较单一的研究生来做。有些难度很大的选题,不适合缺乏相应研究积累的研究生来做。在研究生培养的开题环节,导师组的老师给同学们集体把关,就是要帮助大家选择适合自己知识结构和能力的选题。我在做硕士学位论文时,开始给自己定的目标就很大,当时想系统研究如何从辩证唯物主义哲学原理出发分析评价数学哲学研究的新进展,后来发现这个目标超出了我当时的实际能力,在时间、精力、文献资料等方面都不具备条件。经过与导师不断沟通,听取调整意见,并且在访学过程中请教了孙小礼、黄顺基、林夏水等数学哲学领域的学界前辈,我不断缩小研究范围,最后以分析研究"现代数学中的经验主义思潮"为题,顺利完成了硕士学位论文,以此为基础形成的学术论文毕业后很快发表在《哲学研究》上。[①]

在"开题"环节结束后开始论文写作的过程中,仍有可能出现"跑题"的情况。除了前面提到的跨专业背景研究生可能不知不觉回到原来本科专业的路子上,还有的同学可能在写作过程中发生兴趣转移,不知不觉将研究思路转向相邻的其他领域,在一些

[①] 王前:《试论现代数学中的经验主义思潮》,《哲学研究》1983 年第 4 期。

与主题无关的问题上用了很多功夫,等到发现时已经浪费了很多时间和精力。有的同学在研究过程中不自觉地调高或降低了研究难度,前者导致研究过程中力不从心,论文写不下去;后者导致研究论文"水分"很大,达不到研究生培养的应有标准。有的研究生不太在意"开题"环节老师们的发问,希望尽快应付过去了事,实际上这里大有"学问"。老师们对研究生的"问"能够及时发现同学们基本思路和方法存在的问题,以便于及早纠正;而同学们向老师们的"问"相当于全面展现自己存在的困惑和疑问,以便于老师们及时"会诊"。这个环节上多一些"问",以后的学习生涯中就少一些麻烦。这是必须利用好的难得机会。

二、"学"与"思"

在本书"前言"中提到,孔子说过:"学而不思则罔,思而不学则殆。"学习过程中如果不思考,就如同吃饭时狼吞虎咽,吃下去难以消化。这个道理很容易理解,但是具体应该如何处理"学"与"思"的关系,还有许多问题值得深入讨论。"学"与"思"的区别和联系是什么?"学"的同时就应该"思"吗?应该"思"什么?怎样"思"?这些问题不解决,学习效果会大打折扣,学习上投入的时间和精力就不可能转化成学术研究的资源。

(一)为何"学而不思则罔,思而不学则殆"?

"学而不思则罔"通常被理解为"学习时不思考就会迷茫"。可是谁学习时一点儿也不思考呢?孔子这里所说的"思"应该还有另一层意思,就是在学习的时候不仅要理解知识的本义,还要追求将新知识与先前学过的其他知识的融会贯通。每当学习一点新知识,就努力与原有的知识基础联系起来,思考这些知识与其他知识是什么关系,在相关知识体系中起什么作用,对于进一步的学习和研究有什么价值,这样的"思"才会带来清晰透彻的理解,就不会有"罔"的感觉。所以孔子才会将"学而不思"与"罔"联系起来。

"思"这个字的篆文写法下面是"心",上面是"囟",指婴儿颅骨的前囟(通常所谓"囟门")。这表明"思"的过程下从心,上从脑。① 人们通常讲"用心"思考,指的是运用直观体验以求融会贯通的思考,使得知识基础的各部分之间紧密联系,成为有机整体。人们平常也讲"动脑"思考,则主要指逻辑分析思维,强调局部认识符合严格精确的要求。"心"与"脑"并用,才是完整的"思"。"学"与"思"不断互动,才能建构坚实的知识基础。韩愈所谓"学海无涯苦作舟",虽然是隐喻,但很有启发性。在学海里航行,确实是需要一个"舟"的,这个"舟"就是每个人在学习中长期积累起来的知识基础。这个知识基础不是指学过多少门课程、考试成绩如何、读过多少本书、手里掌握多少资料,而是指研究生思考问题时能够即时调用的,直接起基础作用的那些知识储备和正确方法,是能直接参与其具体思维活动的相关知识背景、原理、素材、证据、技术手段和理论支撑。这个知识基础的每个单元(或者说知识点)之间,一定要形成牢固的有机联系,能够保证对所学知识的理解和运用融会贯通,这样才能由浅入深,逐渐丰富和完善。建构这个"学海之舟"的"构思"过程,最终要达到能够充分理解、牢固记忆、运用自如的程度。换句话说,这相当于要通过主动学习,自己打造一艘可以遨游知识海洋的船,能够把自己在学海上"托起来"扬帆远航,开启学术研究之旅。是否构建了这个"学海之舟",其状况如何,是衡量研究生学习能力和学习质量的一个关键指标。

---

① 张怀承、岑贤安、徐苏铭、蔡方鹿、张立文:《心》,中国人民大学出版社,1993,第339页。

在现实生活中，人们经常谈论某某学者"学识渊博""理论功底扎实"。这里的学识、理论功底，其实指的就是这个"学海之舟"。如果一个人的知识基础很松散、很凌乱、很不准确，很多学过的知识慢慢都忘掉了，一旦思考的时候能调动的知识储备很有限，支撑能力很差，这就意味着在学海里脚下无"舟"，或者脚下只是一个"小舢板"，缺乏把自己"托起来"快速前行的条件，只能在知识的海洋里费力划动漂浮，划不快也走不远，这样就无法进入研究状态。与之相反，如果这种知识基础足够扎实、精准、宽厚，目标正确，方法高效，就能大大提高思维效率，立足于前人基础上获得创造性研究成果。坚实的知识储备是"学海之舟"的"船体"即做学问的"立足之地"。这里的"知识储备"不仅涉及知识的内容、范围、关联性，也包含对知识理解的精深程度，这是需要日积月累不断打磨的。而合理有效的学习方法和持之以恒的学习态度则是"学海之舟"的功能和动力，使之能够调整航向、提高效率、乘风破浪。每个人的"学海之舟"都是隐性的，而且是需要自己打造的。能够在学海中徜徉并不断有所成就的研究生和年轻学者，都必须有各自的"学海之舟"，这是从继承知识转变为创造知识的必由之路。

回顾一个人的学习经历，刚开始到学校学习的时候，只能说是刚刚浸入了学海，最初脚下都是无"舟"的，只是按照教师的传授和指导听课、做笔记、解题、考试，慢慢在头脑中积累和凝聚初步的知识基础。有些学生要靠学校约束、教师督促、家长监管被动地学习，这样的学习往往只是"走过场"，所学的知识过后就忘，知识基础容易出现碎片化。这样的学生可能在学校管束和教师督促下完成学业，但这只是在学海中顺着潮流不断漂移，很难行稳致远。如果缺少辨识和调整能力，还可能漂泊在学海中随波逐流，无法自控，这样的学生一旦离开学校就很可能不想再学习了。可是有些学生求知欲比较强烈，有兴趣主动学习，甚至自学一些课外知识，不断改善自己的知识结构，从中感受到学习的乐趣和价值。他们的知识基础很扎实，而且逐渐加宽加厚，同时开始摸索适合自己的学习方法，从而轻松、高效地取得好成绩。而一旦有所收获，就会形成良性循环，在求知的路上持续向前，这时"学海之舟"就逐渐形成了，尽管学生们此时可能并不自觉，但他们会有一种在学海中被"托起来"前行的感受。人们往往将一些"学霸"的成功归结为天分、刻苦精神和优越的家庭条件，却很少关注他们的脚下是否有一个"学海之舟"在起作用。

如果从是否有"学海之舟"的角度想问题，可以解释很多学生特别是研究生学习中常见的现象。为什么在同一间教室里听课的学生，在掌握知识的程度和运用知识的效果上却不一样？为什么有相同学历的人在学术发展的速度上有明显差别？为什么有些人读书不少却难有成就？为什么有些人"学富五车"却缺乏解决实际问题的能力？一个重要原因就是在"学海之舟"的状况上存在明显差别。是否已经登上了"学海之舟"，与学历其实并没有直接关系。有些一路苦读过来的研究生未必能登上"学海之舟"，还是在被动应付各种约束和检查中挣扎；而有些中小学生却可能表现出接近或已经登上"学海之舟"的迹象，能够进入主动的、创造性的，甚至是很轻松的学习状态，个人素质和能力明显出众。这些所谓"别人家的孩子"成长的一个关键因素，就是不自觉地利用了"学海之舟"的有利因素，这是很值得回味的。

我在自学高等数学、英语等课程的过程中,对这一点深有体会。我在1979年考取东北师范大学自然辩证法专业硕士研究生之前,并没有受过正规的高中和大学本科教育,但入学考试要考高等数学、英语、自然辩证法原理等课程,而且是按照本科毕业程度出题的。我在当工人时结识了带学生到工厂实习的东北工学院(现东北大学)数学系的傅文章老师,这是一位待人热诚、治学严谨的老师。我在他的指导下自学高等数学。我读教材、做题,请他指点、批改。他拿出不少时间指导一个原来素不相识的青年工人,这种境界非常难得。至于自学英语,对我而言就更困难。因为没机会参加专门的辅导班,我只能大量做题、听录音。在自学状态下,没有外在压力逼迫我一定达到什么标准,学习完全是自己的主动选择,但我知道一定要达到本科毕业的应有程度,才能够顺利通过入学考试。所以我每学习一点新知识,就努力与原有的知识基础联系起来,边学习边思考,以此来不断加深对相关知识体系的整体理解。正是这种"学"与"思"结合的方式,才使我闯过了自学中的各种难关。现在研究生的学习条件比我那个时候好多了,但自学的时间要比本科时候明显增多,在这一点上与我的自学经历可能有许多共同之处。自学的成效如何,取决于自己"学"与"思"结合的认真程度,自己要对自己负责。其中有任何投机取巧的心思和行为,将来都可能自食苦果。关于如何自学,我们后面还要进一步讨论。

如果现在的研究生学习过程中"学"而不"思",会出现什么严重问题?现在有些研究生书看了不少,脑子里装了很多新名词、新说法,"知识点"很多,但是学到的新知识可能处在离散状态。知识点之间看不出内在逻辑联系,更不考虑整体上是否存在有机联系,这样不仅很容易过后遗忘,甚至出现理解错误也无法察觉。于是导致他们在写作论文和翻译外文文献的过程中往往不考虑具体语境,也不考虑各个知识点之间是否存在矛盾冲突,时常闹出笑话。我见过一个研究生在论文中说明我国历史上有一段时期土地沙漠化问题很严重,有"沙化面积接近3 000万平方千米"的表述,可是我国领土面积总共才960万平方千米啊!这个研究生听到我的质疑后一怔,马上说:"不好意思,老师,不小心多加了一个'0'"。还有一个研究生在翻译一篇英文文献时,看到18世纪一家报纸的名称是"The Derby Mercury"。"Derby"是英国地名,而"Mercury"可以译为"汞"或"水星",于是这个研究生直接就译成了"德比汞"。可是细想一下,哪家报纸会采用这样一个名称? 其实"Mercury"还有一个意思,即古罗马神话中的十二主神之一,掌管人间财富的主神墨丘利。"The Derby Mercury"其实是德比的一家财经类报纸。之所以会出现这样的笑话,就是"学"而不"思"的结果,俗话说思考和表达时"不动脑子"。

"学而不思则罔"还有一层意思,就是对学习本身的过程也需要"思",这种"思"就是"反思",即回过头来审视自己的学习目标、内容、方法是否存在问题。对于某些研究生和年轻的学者来说,由于在学习的目标、内容、方法上有很大的自主选择空间,往往出现随性选择的倾向。他们的学习只是为了达到某种功利性的目的,甚至急功近利,因而读书凭兴趣,随机选择阅读内容;方法上从来不反思,学习上投入精力和时间不少,成效却不大。研究生学习方法论上的反思,相当于在进入一个陌生城市边走边辨识方向。如果只是低头走路不看方向,肯定是会绕远或迷路的,"学"而不"思"就会把自己置于这种境地。

下面再来看"思而不学则殆"的问题。"殆"有人解释为"倦怠",似不通,解释为"危险""困境",可能更符合孔子的原意。一个人在不愿学习新知识的情况下又喜欢胡思乱想,难免想入非非,带来危险或陷入困境。

对于研究生来说,"思而不学"往往发生在一些人有了一定知识积累又形成自己一定主见之后,特别是在觉得自己有了创造性的想法或重大发现之后,一心致力于构建全新的观念体系,此时往往顾不上再学习新知识,了解不同意见,接受来自不同方面的批评,而是整天生活在自我欣赏的环境中。这样不仅会耽误自己的学业进步,一旦遇到挫折也可能承受不住打击,这就真的应了"思而不学则殆"这句话了。下面说一个比较极端的例子。2018 年我参加在北京举办的第 24 届世界哲学大会,在会议报到大厅门口,曾遇到一位身上披着牌子的"民间哲学家",上面写着他发现的"宇宙几大规律""贯通古今的几大学术体系"之类语句,看上去让人很难受。类似的事情在别的学术会议上也曾遇到。除了这种"民间哲学家",我还见过若干"民间科学家",即想用初等方法,靠着所谓新奇"思路",解决世界上的"未解科学之谜",如证明哥德巴赫猜想、破解引力起源之谜、研究"超光速"现象等。没有任何知识基础的"思而不学"其实很难做到,因为这种情况下"思路"很难展开。有了一定知识基础而又不想再学新知识才可能"思而不学",才会陷入困境而不自知。研究生中间的"思而不学"者当然未必有这样的"宏大"目标,但也可能有些人比较自负,一旦形成自以为"填补空白""学科领先"的"创见"之后,很固执地坚持自己的见解,总想反驳各种批评意见,不能及时进行反思和调整,这样就很难从自己编织的困境中解脱出来。

(二)"学"与"思"为什么会脱节?

研究生学习中的"学"与"思"正常情况下本来不应该脱节,因为研究生培养过程中有很多环节都在促进"学"与"思"的结合。危险在于很多时候"学"与"思"的脱节是不自觉发生的,而一旦产生不良后果却难以补救。为什么"学"与"思"会脱节呢?这里主要有两种可能,一是"学"的过程中感受不到"思"的必要性,二是"思"的过程中感受不到"学"的必要性。

先说第一种情况。有些研究生在学习过程中,沿用大学本科,甚至是高中阶段就形成的学习方式,还在死记硬背所谓的"知识点",按照老师的要求完成规定动作,脑子里装了各种各样的"标准答案"。尽管研究生阶段很少有只看重"标准答案"的考试,但他们仍然习惯于把各种"标准答案"储备起来,因而从中看不到应该研究的问题和研究线索。在这个过程中如果说有一些"思"的因素,那只是做一些简单的归纳、分析、整理,相当于以前的读书笔记。这样的学习方式由于机械重复很容易倦怠,因而有些人感兴趣的"思"实际上可能用在了与当前学业无关的事情上,如维系人际关系、看畅销书,甚至玩电子游戏。现在网络上各种信息纷繁复杂、良莠不齐,自制力不强的研究生有可能分心,在学业上不够专注。一旦发现自己的学习成绩和研究水平开始落后时,往往归结为自己的周围学术环境不理想,或者自己天分不够,并未意识到毛病究竟出在哪里。

造成"学"的过程中忽视"思"的必要性的另一个原因,是"学"的过程中缺少"思"的视角。比如在阅读学术著作特别是一些经典著作时，由于对作者和著作本身特别信服，所以觉得全盘接受下来就可以了，用不着再从其他视角加以思考。在以某一知名学者作为研究对象时，出于对这个学者本身的崇敬，完全接受其思想、学说、理论，甚至不知不觉成为研究对象的代言人。这就意味着学习的过程中已经和作为研究对象的作者及其著述融为一体，看上去似乎有一种"灵魂附体"的感觉。由于与研究对象过于接近，当然看不出相关的任何问题，也不会意识到"思"的必要性。现在有些博士生觉得以某位著名学者的学术思想作为学位论文选题层次很高，文献又好找，只要将其主要著作读一遍，做一些分析评述，就可以顺利完成学位论文。这样的研究工作不能说完全没有意义，但学术含量和研究难度不够，严格说来达不到博士学位论文应有的高度。

再来看第二种情况。为什么有些研究生在"思"的过程中感受不到"学"的必要性？因为他们一旦觉得自己有了一定创见后，就只是搜寻对自己有利的证据，为自己的见解找各种辩护理由，不愿意了解不利于自己的新知识、新观点、新文献。我接触过一些在研究思路上比较固执的研究生，他们的"学"变成了在学海中随意徜徉的工具，而他们的"思"则变成了思想上自我防卫的武器，不到极限不愿放下。研究生学习期间产生创见是非常可贵的，但这种创见能否站得住脚是需要经过各种考验的。这不仅需要判定是否有新的理论意义和现实价值，还需要通过论证，找到充分的理论根据和事实根据，在逻辑上讲得通。有些研究生论文在涉及解决重要现实问题的对策性建议时，往往凭自己的直观感觉提出若干自以为很新的原则、标准、程序、方法（这些东西很多来自对一些政策和策略的肤浅理解），而理由只是说"根据上述分析，在对策上就应该……"比如"第一，应该以……为准则；第二，应该建立……制度；第三，应该……"，然后笼统地谈如何重要，如何有意义，可是内容上比较空泛，很多对策性建议完全可以套用到解决其他现实问题上去。这些对策性建议当然也是"思"的结果，但没有"学"的基础，这些研究生并没有意识到对策性建议需要经过严格论证，才会得到导师或评审专家的认可。

造成"思"的过程中忽视"学"的必要性的另一个原因，是一些研究生在学位论文和学术论文写作中忽视系统地研读国内外重要文献。论文中有些论文综述和引证的国内外重要文献实际上是从他人已经发表的学位论文或学术论文中直接"移植"过来的，看上去一点问题都没有，但作者可能根本就没看这些文献，用投机取巧的方式省去了这方面"学"的功夫。类似地还有只看二手文献而忽略第一手文献的倾向，不去看原文，这样难免以讹传讹，甚至原来二手文献上的引证错误可能一字不差地出现在自己的论文中，这就是通常所说的"伪注"。这种"思"而不"学"带来的可能后果，就是在学位论文答辩时，参加答辩的研究生由于根本没看到论文中列举的文献，一旦评委老师问到肯定会"穿帮"，这就不仅仅是论文质量的问题，还会涉及学术不端的问题。这个问题我们后面还要讨论。

研究生与本科生在学习方式上的最大区别是有相当多的时间自己安排活动。很多研究生喜欢到图书馆或阅览室里安静地读书，有很多同学在这一点上很勤奋，看起来"学"与"思"都不成问题。但是在学习过程中是否能进行卓有成效的"思"，从外观上是看不出来的；即使能够做到边"学"边"思"，此时的"学"与"思"

也未必匹配。研究和写作都有确定的主题和内在的思路，形成一条主线。可是刚开始从事研究和写作的人容易偏离主线，在自己感兴趣的岔路上随性发展，此时"学"与"思"实际上仍然是脱节的。应该有的"思"未能保证"学"的精准有效，而应该有的"学"也未能避免"思"的主观任性。边"学"边"思"未必都能保证在研究和写作上真正有收获，关键在于二者之间是否真正发挥了相互支撑、相互激励的作用。孔子那个年代大概也遇到了他的弟子们存在类似问题，所以他才会在几千年前就说出"学而不思则罔，思而不学则殆"这样的话来。

（三）如何保证"学"与"思"的有效互动？

在研究生学习过程中，如何保证"学"与"思"的有效互动？可以考虑从以下几个方面入手。

其一，在学习过程中，对学到的新知识要及时反思，主动同已有的知识基础建立有机的联系。有些研究生可能很疑惑：什么叫作"同已有的知识基础建立有机的联系"？这种联系显然不是教科书或学术专著中明确写出来的，而是发生在每个人头脑中的过程，是因人而异的。具体说来，当我们学到某种新知识的时候，需要将这个"知识点"向上、向下、向旁边延伸，与相邻的知识单元连接起来，形成新的联系，发现新的价值和意义。

所谓"向上"的延伸，就是思考这个知识点成立的前提条件是什么，决定其存在的根本原因是什么，在这个知识点和类似知识点之间是否存在某种共同的性质、本质特征和一般规律？这时的思考方向指向认知活动上层更为抽象的、一般性的层次，所以是

"向上"的延伸。比如中国古代典籍中有很多格言、警句,都是直观体验的产物,并没有具体说明前提条件和适用范围,学习的时候就要自己通过反思补上。像"以柔克刚""以弱胜强""吃亏是福"之类格言,都不是在任何场合都无条件成立的,一定要放在具体语境中考察其方法论价值。如果不加鉴别简单搬用,就会闹出笑话。

所谓"向下"的延伸,就是思考这个知识点在现实生活中有什么典型例子,在具体应用中能够解决什么问题,能够阐释说明什么新现象、新问题。这时的思考方向指向认知活动下层的比较具体的、经验性的层次,所以是"向下"的延伸。像哲学、数学、理论经济学、理论物理学等学科的内容都是比较抽象的,在具体理解和掌握时必须注意有现实的根基。越是抽象的学科,越需要深深扎根在现实生活之中。如果"空对空"地理解和运用抽象的概念符号体系,很难有深刻的认识和创见,更难以纠正自己在理解上的偏差。

所谓"向旁边延伸",指的是思考这个知识点在相邻的学科领域有什么对应的价值和意义,比如这个知识点与相邻的另一个知识点是否具有相同的结构和功能,可以作为联想、隐喻和类比的对象;如果某个知识点和相邻学科的知识点是从不同角度对同一事物的解释说明,那就可以相互补充、相互启发;如果某个知识点的原理、方法、工具可以"移植"到相邻学科的研究活动中去,就会发现新的意义和价值。这种延伸是最富有创造性的,特别是在跨学科领域研究中具有显著的功效。

其二,在思考的过程中,对自己已有的认知成果要不断反思,主动学习新知识,丰富发展自己的创见。当研究生的研究工作有一定进展,初步形成自己论文的理论框架或模型的时候,不少同学很珍惜自己来之不易的思想成果,不愿意让他人挑自己的毛病,对批评意见有抵触情绪。这种思想状态必须及时调整。同学们要意识到自己的论文是写给别人看的,特别是给论文的评审专家看的,要有意识地站在"他者"的角度审视自己的初步思想成果,发现不足之处及时调整。这就需要继续学习新知识,主动征求批评意见,通过补充新的思想资源发展和完善初步的认识成果。

其三,经常检查"学"与"思"的匹配程度和互动效果,发现其中的方法论问题,不断加以调整。在研究生学习过程中,判断"学"与"思"的匹配程度和互动效果是有些迹象可循的。在研究生培养的开题阶段,如果有的研究生平时学习很勤奋,读了很多书,但始终确定不了学位论文的选题,除了缺乏问题意识之外,还有一种可能就是"学"而不"思",在学习上消化不良。在研究生学位论文的中期检查阶段,如果有的研究生表现出进展缓慢,形成不了清晰思路,甚至出现写作"跑题"的现象,多半是因为在"思"的方面下功夫不够,把主要精力仍然用在大量阅读和收集资料的"学"上,只有少量时间用于学位论文的"构思",在研究能力上进步缓慢。在研究生学位论文的预答辩阶段,由于论文基本成型,主要矛盾转化为听取导师和评委老师意见修改加工论文,此时必须"学"与"思"并重,二者相互促进。如果有的研究生此时被发现结构、观点、知识基础上出现重大问题,往往是平时过于自负,缺少"问"的功夫,特别是与导师沟通不够,自己在处理"学"与"思"

的关系问题上存在的问题没有充分暴露出来,这样在学业收尾阶段就会面临很大的困境。要避免这种情况发生,研究生必须经常检查"学"与"思"的匹配程度和互动效果,做一些宏观层次的审视。要能够做到经常检查"学"与"思"的匹配程度和互动效果,必须始终保持自我反思的能力。鲁迅说过:"我的确时时解剖别人,但更多的是无情地解剖自己"。[①] 能够不断意识到自己存在的问题和不足,才能够明确继续学习的方向和目标。"学"与"思"的关系是在由本科生转变为研究生之后才变得凸显起来的,而这方面的基本训练将是同学们将来从事学术研究工作终身受益的事情。

---

① 鲁迅:《坟》,人民文学出版社,2013,第 222 页。

三、"学"与"习"

很多研究生觉得自己从小学甚至幼儿园开始就一直在学习，如何"学习"本身不应该是问题。然而学习效果因人而异，这里存在一个隐蔽的问题，就是能否处理好"学"与"习"的关系。很多人以为"习"就是复习，就是把学过的知识从头再看几遍。孔子为什么说"温故而知新"？很多人以为这是在告诉我们书要多看几遍才会印象深刻，效果明显，才能够了解到新知识。其实很多学生都知道，机械地"温故"并不能"知新"，反而很枯燥、很心烦。"温故而知新，可以为师矣"，应该理解为"温故"如果能"知新"才有资格当老师，不能"知新"当然会很郁闷，因为没有新的收获，当然也不能传授给别人。

（一）"学而时习之"的含义

孔子讲的"学而时习之，不亦说乎"，是现在每个学生都知道的格言，意思是"学"了之后经常练习，从中有所收获，才会高兴起来。这里的关键是如何理解"习"。"习"的繁体字"習"在甲骨文中已经出现，其上部为"羽"字，下部是"日"，即太阳（篆文把"習"下面的"日"写成了"白"），表示小鸟刚开始学习飞行的时候，每日展翅高飞,在不断练习中学会飞行的技能,体会飞行的快乐。①。这其实是一个密切联系实践的范畴。学习到新知识之后,一定要学以致用,在运用新知识解决问题的过程中将新知识融汇到自己原有的知识体系中,这才是"习",才能真正达到学习的目的和效果。孔子所讲的"学而时习之",并不一定要求像现在学生上完课后限期完成作业那样"定时习之",而是要"随时习之",找到合适的时机就要"习",使得学到的东西有了"用武之地",这样才能感受到发自内心的愉悦。

现在人们经常谈培养在实践中分析问题和解决问题的能力,具体操作起来实际上并不容易。学生们学了数理化知识后学会解题、学会做实验,学习语文知识后学会写作和演讲,学习外语知识后能够交流和翻译,都可以说是通过"学"与"习"提高了实际能力,而其标志主要是在考试时有个好成绩。但是,从学术研究的角度看,这种学习模式未必都能达到"温故而知新"的效果,不少在学校里成绩非常好的"学霸"毕业后在实际工作岗位上并未表现出很强的实际工作能力和创造能力,这就是通常所说的"高分低能"。这就和处理"学"与"习"的关系问题联系在一起了。与"学"相关的"习"其实还大有文章可做。

要想"温故而知新",就要主动"求新",这意味着需要养成一个思维习惯,注意把所学到的知识尽可能应用到新的领域中去,形成新的观察视角,阐释新的现象和问题,获得新的见解。这里隐含着一个前提,就是"学"与"习"在思考问题时的取向略有不

---

① 许慎:《说文解字》,中华书局,1963,第 74 页。

同。"学"的时候注重模仿、理解和吸收,这是"向内"的功夫;而"习"的时候注重实践、应用和消化,这是"向外"的功夫。"习"不仅要联系外部世界的事件和问题,还要联系自己以往的知识基础和生活体验,在实践中体现出"学"的意义和价值。有很多学生把"习"仍然理解为"向内"的功夫,反复看已经学过的书本知识,以为这样做就会记得牢固、学得扎实,其实缺乏与整个知识体系关联的知识点很难留下长久的记忆印象,过一段时间就会逐渐忘记。前些年"文理分家"的教育模式,使得一些文科生对理科知识越来越不感兴趣,一些理科生对文科知识也越来越不感兴趣,结果到了大学和研究生阶段,很可能连基础教育阶段学到的一些常识性知识都记不准了。一些文科生说不准几何公理有哪几条,记不住牛顿三大定律应该如何准确表述;而一些理科生写作论文时经常犯语法错误,很多研究生导师修改学生的论文时做的是中学语文老师改作文的工作。要知道这些本科生和研究生是在一系列考试中"胜出"才能走到今天的,为什么当初的优异成绩没能保证今天的知识准确性呢?原因之一就在于当初的"习"并没有发挥使所学知识与整个知识体系相关联,没有发挥学以致用的功能。

处理"学"与"习"的关系是否得当,有一个很重要的衡量指标,就是看能否随着已有知识体系的扩展和应用,不断反思先前对一些基本概念和原理的理解,即用后来不断的"习"来"夯实"先前"学"的根基,能够说清楚这些基本概念和原理为什么会如此规定,为什么如此表述,每个知识点有何种意义和价值。我在给哲学专业研究生开设哲学原理课程时,强调随着课程内容的延伸,要经常回过头来重新讨论对"物质""运动""时空"这些最基本范畴的理解，使学生了解这些范畴的内涵和外延如此规定和表述的原因，这样学生们对这些范畴的认识就会不断深化，不用靠死记硬背也能将相关定义非常精确地表述出来，而且能给别人解释清楚。

从我个人的学术生涯看，我在早期自学阶段的"学"与"习"都是自己安排的，这样可能看到"学"与"习"关系中以往很少被人注意的方面。由于自学时的条件很艰苦，所以我对学习后的收益非常看重，总想将学到的知识用到更多的地方去，一旦用上了就非常兴奋。比如学了微积分之后，我能够轻松地看懂马克思的《数学手稿》，还能够以此为基础学习更多数学知识，深入阅读近现代数学史著作（特别是像《古今数学思想》①这样的数学通史名著），我就很兴奋。学了英语之后，能够阅读和翻译英文学术名著，写作和宣读英文学术论文，进行初步学术交流，我也很兴奋。特别是学了哲学之后，除了进行学术研究之外，我喜欢用哲学的视角观察学术前沿问题、社会现实问题以至日常生活中的人和事。哲学是高度抽象的学问。也正因为如此，哲学的解释说明能力也就非常强。如果现有的哲学理论知识在说明某些现实问题或其他学科领域的理论问题时显露出某些局限性，就表明现有的哲学理论知识还有缺陷，需要发展，这就成为学术研究的新的生长点。我在读硕士研究生期间写作有关现代数学中突变理论的哲学问题的文章时，发现当时哲学教科书关于事物量变积累到一定程度发生质变的论述，都在强调质变发生在一个"关节点"上，可是按照突变理论给出的理论模型来看，如果几个维度的量变共同引起

---

① M. 克莱因：《古今数学思想》(1-4)，上海科学技术出版社，2002。

质变，就可能出现"关节线""关节区"这样的复杂情景，而这是以往哲学教科书上都没有明确谈到的①，这一发现使我很兴奋。我沿着这一思路把文章写成发表后，过些年又发现有的哲学原理教科书采纳了我的说法②，也很兴奋。这就是"学而时习之""温故而知新"的快乐吧。近些年来，我在思考中国传统的道家思想对技术发展的影响时，觉得不少学者在解读"道"这个范畴时，总是将其理解为万物的起源，或者类似古希腊哲学中作为思维本原的"逻各斯"那样的东西，而这种解读与老子、庄子在其他语境下对"道"的理解和运用相矛盾。特别是在"庖丁解牛"寓言中庖丁所说的"臣之所好者道也，进乎技矣"，显然具有很强的实践意义，与万物起源没什么关系，我后来发现冯友兰先生早就有过类似观点。③ 在此基础上，我就逐渐展开了以"道""技"关系为核心的具有中国文化特色的技术哲学研究。这些收获，都是主动将"学"与"习"有机结合，在知识应用中发现新的生长点的结果。

值得指出的是，"学而时习之"的"习"还不能完全等同于对学到的知识的应用，而是注重在应用中逐渐增长自身的能力，取得成效，以至于达到运用自如的程度，才会有"不亦说乎"的感觉。换句话说，在这种创造性的"习"中应该能感受到自主和自由，对知识的运用"得心应手"。这恰如小鸟学习飞行，要能够如其所愿飞到新空间，看到新事物，才有兴奋感。有的研究生时常抱怨反

---

① 傅世侠主编《科学前沿的哲学探索》，辽宁人民出版社，1983，第 46 页。
② 肖前主编《马克思主义哲学原理》（上册），中国人民大学出版社，1993，第 224-225 页。
③ 冯友兰先生早就指出，"有生于无"不属于宇宙发生论。它与时间，实际没有关系。见冯友兰：《中国哲学简史》，涂又光译，北京大学出版社，1985，第 116 页。

复读一本书就是读不出新东西来，这可能与头脑中缺乏思想准备有关。要提高"学而时习之"的效果，头脑中应该有一个学习的"大模型"，作为能够使所学知识产生应有价值和意义的思想基础，或者叫作加工知识的"场所"，这个比喻来自当代人工智能发展的启示。

（二）学习的"大模型"

对于现在的研究生和年轻学者来说，由于学习经历和学术生涯大都比较顺利，对学习活动司空见惯，习以为常，所以更有必要经常反思一下在"习"的方面存在的问题。前面提到打造"学海之舟"需要"思"，即建立已经学过的知识单元之间牢固的有机联系，保证对知识的理解和运用融会贯通，包括由某一知识点向上、向下、向旁边的延伸，实际上解决的是"学海之舟"的结构方面的问题。打造"学海之舟"还要注重其功能方面的问题，即以此为基础学习新知识、解决新问题、获得新见解，在实际应用中不断完善和发展，这就需要发挥"习"的作用，在实践中提供"学海之舟"的动力，立足于此才能在学海中扬帆远航。下面讨论的学习的"大模型"，就是用于解决这个问题的。

所谓学习的"大模型"，借鉴了近一时期关于人工智能"大模型"的说法，表明"学"与"习"的互动关系也有类似人工智能"大模型"的某些特征，或者说"学"与"习"的互动关系就是在学习的"大模型"上面发生的。人工智能"大模型"全称"生成式人工智能大语言模型"，指的是包含巨大联结参数的机器学习模型，通过运用巨大算力来训练海量数据以形成其复杂结构，能够更好地承担感觉识别、学习理解、内容生成等更高层次的人工智能任务。① ChatGPT 的不断更新换代所展现的出色能力，就是人工智能"大模型"的典型代表。② 生成式人工智能出现之后，人工智能"大模型"成为学术界和社会上普遍关注的"热点"概念。其实人类的常规学习活动也存在类似人工智能"大模型"的机制，但以往尚未引起人们特别关注。换句话说，正是由于人工智能"大模型"的出现，才有可能带来对处理"学"与"习"关系的一些新启示。

人工智能"大模型"和人类的学习活动有哪些相同或相似之处？首先，人工智能"大模型"虽然拥有非常巨大的参数，但总体上仍然是一个具有确定边界、结构和功能的复杂知识系统，包含各种知识单元和加工机制，需要通过"投喂"、预训练和微调培养自主学习、推理和构思能力，才能够生成全新内容。③ 人类常规的学习活动也有类似情形，就是通过了解外部世界和不断学习，在头脑中也会形成一个能够用于回忆和调动相关知识、经验和信息，展开想象、构思和推理，自主生成新内容的"内核"知识系统。它同样需要"投喂"、预训练和微调，这就是人类学习的"大模型"。前面所说的"学海之舟"，其实指的就是这个东西，只不过现在我们换了一个新的角度来认识它。要注意这个"内核"知识系统尽管包含非常丰富的知识单元，但总体规模上仍然是有限的。人们通常以为记忆下来的知识、经验、信息都会存储在大脑的"数据

---

① 任福继、张彦如:《通用大模型演进路线》,《科技导报》2024 年第 12 期。
② 司马华鹏、汤毅平、唐翠翠、范宏伟:《大模型时代——ChatGPT 拉开硅基文明序幕》,电子工业出版社,2023,第 3-14 页。
③ 孙长秋、杜长斌、李菲、高肇明、李欣宇:《人工智能及大模型技术研究》,《通信管理与技术》2024 第 3 期。

库"之中，随时随地可以调取和利用。在具体思考某一问题并进行推理或想象时，已经记忆下来的东西都会自动呈现在脑海里。实际上，知识的海洋是无限的，人们学习和生活经历接触的知识单元也是无限的，但学习的"大模型"所包含的知识单元或者说知识点总体上看并非漫无边际，而是构成一个各部分紧密联系在一起的边界确定的有机整体。

其次，人工智能"大模型"的功能在于按照内置的算法对巨大参数的知识单元进行自动加工，体现运算和推理的过程，从中发现某些模式化的联系，据此生成新的文本。与此类似，学习的"大模型"同样包含丰富的知识内容，具有思维加工的功能。在包含的巨大参数的规模方面，学习的"大模型"可能远不如人工智能"大模型"，但学习的"大模型"不仅能把握显性知识，还能把握意会知识，创造全新知识；不仅能够开展深入细致的逻辑分析，还具有很强的联想、想象、直觉和创造能力。尽管人工智能"大模型"在某些方面远远超过人类的能力，但是学习的"大模型"从根本上看是不可能被ChatGPT取代或者淘汰的。对人工智能"大模型"的"投喂"、预训练和微调与人类常规的学习活动看起来很像，本质上也是两回事。前者主要依赖概率统计，后者离不开逻辑与直觉互动的人类认知活动。

再次，人工智能"大模型"的基本特征是可以处理多模态数据，具备强大的学习能力和表现能力，能够按照指令和目标生成文本、图像和视频。[①] 学习的"大模型"不仅同样具有这些能力，

---

① 丁磊：《生成式人工智能——AIGC的逻辑与应用》，中信出版集团，2023，第101-160页。

而且能够依据直观体验、常识和实践智慧进行融会贯通的调整。人工智能"大模型"有时候有可能"生成"一些违背常识的胡言乱语，而人类的学习的"大模型"就不会出现这个毛病。另外，这个学习的"大模型"所包含的知识单元之间不仅存在紧密的有机联系，而且能够高效联动，不断优化。这个知识系统不仅涉及知识面、阅历、信息量，也包含对各类知识及其意义理解的精深程度。学习的"大模型"思维加工的功能是靠长期"习得"训练出来的，这是一个通过培育和文化熏陶的过程。因而人们在思考问题时，才能够马上想到并直接调用有关知识、经验、信息，使之成为"在场"的特定思考背景、理论基础、素材和证据。有些学者不仅知识渊博，而且思维敏捷、见解深刻、视角独到，都和这个学习的"大模型"的思维功能有关，这都离不开自觉发挥"学"与"习"的互动作用。人工智能"大模型"的出现不会替代人类常规的学习活动，而是给"学"与"习"的互动提出了更高的要求。

通过分析学习的"大模型"的特点，在研究生的学习过程中，需要自觉地注意以下几方面的问题。

一是通过"习得"促进知识积累向能力提升的转化。在学习过程中，要注意锻炼自己运用所学知识解决新问题的能力，通过问题导向找到进一步学习的目标、内容和方法。对于学习的"大模型"的完善和发展而言，知识的吸纳和积累是"输入"，而知识的应用是"输出"，二者要保持动态平衡，而"习得"就是保持这种动态平衡的关键因素。学习的"大模型"不等同于"数据库"，它本身具有思维加工能力，能够根据实际应用的需要"生成"相应的知识成果，这就需要掌握相应的思维工具、方法、程序。在学习过程中我们可以了解到他人的思维工具、方法、程序，或者一般意义上的方法论知识，但并不等于自己在应用中也能准确、熟练地掌握，一定要亲身实践，反复琢磨，才能够变成自身的能力。即使是像归纳、演绎、分析、综合、类比等基本逻辑思维方法，也有运用中的细致要求，并不是看了就学会的。比如有些研究生在写论文时，进行逻辑论证时常混淆充分条件和必要条件的区别，搞不清楚逻辑关系和事实关系的区别，并不是因为不懂这些逻辑知识，而是没有形成严谨的逻辑推理能力。

二是通过不断调整，促进学习的"大模型"结构与功能的优化。学习的"大模型"中的知识单元之间形成各种特定的结构，但最初的结构未必是最合理、最优化的结构。因为学过的知识可能需要不断更新换代，以往的知识结构可能需要在新的理论基础上进行调整，以往没有学到的知识需要不断补充进来，这些方面的结构优化都需要在学习的"大模型"中自觉完成。至于功能优化，则需要在实践过程中不断反思和体验，发现自己思维功能上的不足之处，主动学习他人在思维品质、心理素质、反应能力方面的长处，取长补短，见贤思齐，才能够更高效地发挥学习的"大模型"的"生成"作用。

三是注意检查学习的"大模型"的"当下"状态，提高学习的质量和效能。德国哲学家海德格尔在讨论存在主义现象学观念的时候，特别强调"在场""当下"的作用，这是很有深意的。[①] 学习的"大模型"的效能在很大程度上取决于"当下"状态，就是在进行

[①] 孙周兴选编《海德格尔选集》（上），上海三联书店，1996，第666-667页。

思考的时候,究竟用到了哪些知识和方法?运用的效果如何?产生的思想价值和社会价值如何?这时候考察的就是人们通常所说的"真才实学"。如果学了很多知识但在思考时调动不起来,临到应用的时候派不上用场,就会出现"纸上谈兵"、华而不实的现象。人们经常讲"理论与实践相结合",有些人往往理解为给理论找一个具体用途或用具体的例子来说明,却忽略了理论蕴含的知识和方法只有在实践中才能发挥应有作用,而这一定是"学"与"习"有机结合的过程。

(三)学习与超越

处理"学"与"习"的关系方面的更高要求,是通过持续深化的"习"超越以前所学知识的认知水平,形成新的独到见解。我以前接触过一些学界前辈和知名学者,他们对一些基本概念范畴和原理的解读不仅非常精准,而且阐发出新意。这样的"习"所获得的新知才是"习"的最大收获。很多学者用毕生精力研究历史上一位著名学者的学术思想或一部学术经典,为什么还会阐发出新见解呢?就是把前人的思想和经典放到现当代的社会背景下,发现其新的意义和价值,实现伽达默尔所说的古人与今人的"视界融合"①,这应该是年轻学者应该学习和努力实践以求达到的境界。

记得有一次听现代新儒家著名学者杜维明先生的学术报告,听到他对孔子"唯女子与小人为难养也,近之则不逊,远之则怨"这句话的解读,深受启发。他说很多人以为这句话是孔子轻视女人的表现,其实不然。孔子不会在一般意义上轻视女人,因为一

---

① 刘放桐等编著《新编现代西方哲学》,人民出版社,2000,第499-500页。

般意义上的女人当然也包括他的母亲和其他女性长辈，而孔子是倡导孝道的。孔子在这里所说的"女人"和"小人"都应有所特指，"女人"指达官贵人身边亲近的侍妾、奴婢，或君王身边的嫔妃；"小人"指君子身边气度狭隘、品格不高的人，或君王身边的宠臣、太监。这样的人确实具有"近之则不逊，远之则怨"的特点。这样的解读听了让人耳目一新，感到经典著作应该常读常新，的确是"温故而知新"。

学习的目的不仅是继承前人的思想成果，也是要不断超越前人的思想成果。前人的思想成果的产生有其特定历史背景和社会条件，有关前人思想成果的诠释解读也是由不同学者在特定环境中作出的。这些思想成果放到今天的社会背景下，应该展现出新的意义和价值。学习的过程就是要推陈出新、继往开来，研究生的培养就是要培养这种能力，所以在对"学"与"习"关系的理解上要不断提升自己的思想层次，为学术发展作出切实可行的贡献。

四、"学"与"术"

在日常语言环境中,"学术"是作为一个完整词语出现的,与汉语"学术"一词相对应的英文词"academic"来自"academy",原意是"学院",与汉语中的"术"没什么关系。汉语中的"术"泛指一切通过直观体验获得的程序化知识,具有一定的文化负载,适合人的身心特点。① "学术"作为一种"术",与武术、战术、艺术、医术、技术等在形态上相去甚远,但仍然有某些共性,值得琢磨。做学问也需要考虑"术"的方面需求,这就是学术规范和标准,这是一些类似"技术"的比较硬性的、可以操作的要求。

现在科技伦理治理工作的一个重要方面是整治"学术不端"现象,包括抄袭、剽窃、伪造数据、侵犯知识产权等等。从学术研究角度看,这类事情都是违背学术规范和标准的"术"。问题在于,学术生涯中如何区别正当的"术"和不端的"术"? 如何运用好正当的"术"? 又如何避免出现"学术不端"行为?

(一)学术的基本规范

关于学术活动的基本规范,很多学者从不同角度有过各种理解和表述,其中有一些共性的东西。在研究生学习期间需要了解

---

① 王前:《古韵新声——中国传统范畴的现代诠释》,科学出版社,2021,第183-189页。

和掌握的学术基本规范,主要表现在以下几个方面。

其一,学术研究过程要求真务实。研究生从开始接受学术训练的时候,首先要意识到搞学术研究是一项追求真理、崇尚科学的事业,这意味着必须坚持客观真实的原则,避免主观随意和虚妄的粉饰宣传。学术研究要立足于前人的科学研究成果,从经过长期实践检验的科学原理和科学事实出发,研究前人尚未解决的新问题。这些问题一定是真实的科学问题,而不是反科学的异想天开的问题,如研究"永动机"、研究某种道听途说的神秘现象、研究从某些非科学的"原理"出发的主观臆测。学术研究的过程要保证工具、方法、资料、数据的真实可靠,不能为了追求"理想结果"而随意篡改观察实验数据和统计结果。特别是在理工科领域,随意篡改实验数据或许能整理出一个符合重大发现预期的很漂亮的研究结果,但这样的结果一旦有他人做重复实验马上就会露出破绽。在自然科学研究中特别强调实验结果的"可重复性",就是为了避免有些人提供虚假研究结果。

其二,学术思想表达要严谨准确。学术研究过程和结果的思想表达在逻辑上要严谨,在事实情节叙述和用语上要准确。现代科学理论体系是通过严格的逻辑思维建构起来的,学术研究成果的表述必须符合逻辑规则,避免含糊不清和出现逻辑缺陷。有些研究生可能觉得经过长期的知识积累和层层考试,一些人还学过专门的逻辑学课程,在逻辑思维上好像不成问题。实际上了解逻辑学知识并不等于具备了严格逻辑思维能力,后者是在具体研究实践中反复磨炼才能够不断提高的。逻辑思维能力强的学者在写作研究成果时整体结构简洁合理,思路清晰透彻,表述干净利落,没有冗余,没有缺陷,看上去犹如完美的艺术品。这样的作品读起来是一种享受,应该成为同学们学习的典范。

至于学术成果表述的准确性要求,不仅指遣词造句要准确,避免用词不当,还涉及引证文献资料和实验结果的准确。有些历史资料在流传过程中可能出现偏差甚至以讹传讹,如果不仔细核对就会出错。这类地方就需要查找第一手资料,反复核对。如果望文生义、主观臆测,搞不好就会出笑话,出现诸如觉得范仲淹一定登过岳阳楼观看景色后才能写出《岳阳楼记》之类的事情。我听过一个故事,说有一位很有学术实力的学者申报一项非常重要的学术荣誉称号,但在申报材料封面上却明显漏打了一个字母。于是有评审专家提出意见,说在这样关键的文字材料上都会出错,我们怎么敢相信他的实验报告数据的精确性呢?其后果可想而知。现在不少研究生在论文写作上犯类似的毛病,时常出现错别字和语病。有些人文学科的研究生在研究具有文理交叉性质的问题时,一旦涉及像量子力学、相对论这样很抽象复杂的科学理论,往往凭自己的一知半解发表议论,很容易出"硬伤"。或许其成果中这种"硬伤"只有一两处,毕竟暴露出学风不严谨的问题。一旦给评审专家留下这样的印象,论文写得再好也很难以得到整体好评。

其三,学术讨论交流要民主平等。学术讨论交流包括正式学术会议上的讨论交流,也包括不同场合非正式的讨论交流,以及通过学术期刊的交流。在这个过程中要坚持学术民主,允许学术上的不同意见充分表达。学术讨论要从科学理论和事实出发,针对学术问题,表达不同的学术见解,进行必要的解释说明。在这个过程中避免夹带非学术因素,如针对个人品质、人际关系、社会地位和经济利益等方面因素的考虑。如果在学术讨论中用非学术手段压制不同意见,比如参与讨论的一方在学术界和社会上地位较高、影响力较大,但是听不得不同意见,凭借权势打压对方,这就违背了学术交流的基本规范。很多大科学家在与青年学者交流时平易近人,虚心接受合理的不同见解,不仅是个人学术修养的体现,也是对学术界良好风气的维护和倡导。

其四,写作学术文献要符合规则。学术研究的成果形式是著作或论文,而著作或论文的写作也有很多技术性的要求,包括基本格式、结构、表述方式、写作体例等等,不同出版社和期刊还有各自的专门要求,这会在刊物的"稿约"和出版社的格式要求中具体说明,需要研究生在写作、投稿时仔细查阅,认真遵循。这些都是应该遵循的正当的"术"。在这方面不认真,就可能影响学术成果的顺利发表。特别需要注意的是,论文的摘要是整篇论文的高度浓缩,便于读者清晰地了解论文整体思路、基本观点、研究价值和学术功力,其质量对于投稿和评议时能否通过审查起到决定性的作用。如果把摘要写成了引言,或者不能反映全貌,甚至表述上就给人以不严谨认真的印象,很有可能马上就会被"退稿"。一些论文"关键部位"的写作,如目录、研究思路、结论、创新点的表述,如果存在明显错误,也会给读者特别是评审专家一种学术态度不认真不端正的印象。

其五,在利用学术成果的过程中要尊重知识产权。学术研究都是立足于前人研究成果展开的,在学术论文写作中不可避免要借鉴和引用前人学术成果中的观点、史料、数据和方法,这就需要明确指出引证文献的来源，说明前人的理论贡献。如果要翻译前人的外文版著作，在原作者和出版社的产权保护期内，需要征得原作者和出版社的同意并购买版权。如果在著作中插入他人已经正式发表和出版的照片和图片，也需要征得原作者和出版社的同意使用授权。这就是尊重前人知识产权中的著作权或版权。

有些研究生可能由于疏忽大意或者有意为之，将前人学术成果中的相关内容不加说明直接放到自己的论文或著作中，这就是典型的学术不端。现在利用中文数据库的"查重"技术已经很发达了，直接抄袭他人中文论文中内容的做法很容易被识破，于是有人抄袭他人学术专著中的内容，将外文论文翻译过来有选择地抄袭其中内容。还有些人想方设法将他人著作或论文中相关内容换一种说法表述，"改头换面"后放入自己的学术成果中。这一类做法目前还不能用技术手段直接"查重"，但也有"露破绽"的时候。我了解这样一桩"学术公案"：南方某重点大学一位硕士研究生在其导师出国访学期间，投了一篇系统性评述美、日、法、德四国学术界在某一领域研究进展的稿子，并自作主张将导师列入合作者。这篇论文由于理论水平很高、学术信息相当丰富，发表在一家国内高水平杂志上。可是后来有学者在研究该领域相关问题时系统阅读大量国内外文献，发现这篇论文与国外期刊上的一篇英文论文在实质内容上完全相同，实际上是以译文冒充原创。消息传出后，那篇英文论文的作者找到发表此稿的期刊及其主管部门，还有这个研究生所在学校的相关职能部门，严厉追究此事，结果导致一系列严重后果。历史上和现实生活中都有过某些政要因为年轻时写作论文存在学术不端行为而导致被迫下台的事例。2011年，德国前国防部长古滕贝格被人揭露博士论文抄袭。

2007年古滕贝格撰写博士论文《宪法与宪法条约：美国和欧洲的宪法发展》，顺利完成答辩取得"最优秀"成绩，2009年获法学博士学位。2011年2月12日，德国教授雷斯卡诺和汉施曼发现古滕贝格的博士论文多处引用他人的观点没有标注出处，多处抄袭。经反复查证，2月23日拜罗伊特大学决定取消古滕贝格法学博士学位。此事件被披露后，总理默克尔执意维护，多数民众也支持部长留任。但是，德国学术界数万人通过联名信声讨，两周后古滕贝格引咎辞职，退出政坛。① 学术成果一旦发表是无法撤回的，一旦被发现有抄袭剽窃行为就是终生"污点"，无法再从事学术活动，所以在论文和著作写作上千万不能有任何不端行为，不能心存侥幸，一定要成为"清清白白做人，认认真真做事"的学者。

（二）学术研究方法与技能

在学术研究活动中，方法与技能是非常关键的"术"。这是学术发展中不可缺少的、正当的"术"，需要认真掌握。在搜寻和利用相关文献资料、建构论文或著作的框架结构、新的学术观点的形成与调整、学术成果的完善与深化、写作技巧与表达方式等方面，都有方法与技能在起作用，用好了可能一帆风顺，用不好就会事倍功半。下面主要讨论前四个方面的问题，有关写作技巧和表达方式的问题放到后边讨论。

其一，如何搜寻和利用相关文献资料。这相当于一项工程施工中的"备料"阶段，要找到对于研究主题来说最有价值的文献资

---

① 颜瑞颢：《博士论文抄袭德国防长下台》，《新京报》2011年3月2日。

料，而且在有限时间内迅速查到最有价值的文献，这是一项技术性很强的学术活动，也是很有挑战性的"术"。学术论文写作离不开参考文献，这些列在论文末尾的参考文献应该代表相关研究领域的权威研究成果，明显起到理论支撑和佐证作用，很多高水平期刊都很看重稿件的参考文献的质量和层次。如果很难准确辨析相关文献的利用价值，那么琢磨一下比较权威的学术刊物上已经发表的论文的参考文献，看看那些作者是如何利用相关文献的，也会发现很有价值的追踪线索。有些时候，一篇论文末尾的参考文献和一部名著结尾的参考书目的利用价值，不亚于这些论文或专著的正文内容本身。还有一个值得注意的细节，就是一旦发现很有价值的参考资料和以后可能作为引文的参考文献，应该随时准确地记录下来，完整地记下文献名称、出版单位和时间、页码等必要信息，引文内容在字句上要准确核实，以免将来用到时因为信息不全而从头查找，耽误大量时间。

其二，如何建构论文或著作的框架结构。论文或著作是写给读者看的，读者在理解和欣赏其具体内容时，对其框架结构也会有一种整体感受，可以判断其结构是否合理、匀称，是否能体现其内在的逻辑线索，是否便于理解和把握。当读者看到论文摘要和专著引言时，最关心的事情是看作者是否研究了一个新问题、提出了一个新观点、展现了一个新思路或新方法、给出了一个新结论。接着就要看一下这些创新之处是否有可靠的研究基础、理论根基和事实依据（对应于学位论文中的国内外研究动态综述、对论文研究工作的理论基础的介绍、对论文中使用的基本概念的界定、对实验过程和结果的说明）。如果把建构论文或著作的框架结构比作盖一栋楼，那么对研究基础、理论根基和事实依据的说明相当于提供盖楼的地基。如果这一部分工作做得很草率,相当于根基不稳,读者很容易怀疑整体框架的可靠性。

在论文或著作的主体部分,一般要分为若干章节,对论文或专著的创新之处加以说明和论证。这些章节的划分大体上按照人们的认识过程顺序排列,逐渐展开论文或专著研究主题的各个侧面,使人们理解论文中创新性认识成果的内在思想结构和功能。依据研究主题性质的不同,章节的顺序可能沿着历史演变的线索、从整体到部分的线索、从抽象到具体的线索、从理论到实践的线索等思路展开,但各章节之间应具备内在的逻辑联系,条理清晰,一目了然。如果各章节之间编排随意、篇幅长短悬殊、思路横生枝杈、中途偏离主题,都会使读者感到结构扭曲,难以理解。

其三,新的学术观点的形成与调整。学术研究最核心的部分是提供具有创造性的学术观点,而最关键的方法是如何选择形成新的学术观点的特定视角。"观点"是看出来的,问题在于学术上的"看"应该如何进行。我们看问题要有一个立足点,也就是通常所谓"立场"。站在与前人完全相同的立足点上,当然至多只能看到和前人一样的东西,得出相同的观点。只有换一个立足点或者角度,才能看到新东西,提出新观点。比如立足于新的时代背景考察古代典籍的意义和价值、运用新的理论和方法研究传统的学术问题、从新的角度开展跨学科理论问题的研究、基于现实生活中的新情况和新问题发现原有理论的局限性和新的解释空间,等等。在反思自己是否已经形成新的学术观点的时候,研究生一定要讲出是否有了新的立足点和视角,否则很难使读者相信会取得实质性的创新成果。

在形成初步的学术观点之后,还有一个如何调整的问题。最初的观点可能是不够精准甚至自以为是的,或者只有部分的合理性,不够深刻,需要在后续的研究活动中不断调整。这时要学会站在一个"他者"的角度审视自己的观点,不断给自己提问题:我的学术观点真的是前人没有想到的吗？我的观点在解释能力和学术价值上都超过前人了吗？我的思考是否存在主观性、片面性、表面性的毛病？我的研究视角是否可以再调整改进一下,可以看到更多原来没有观察到的方面和细节？一步到位就形成创新性学术观点的事情很难发生,对于刚刚进入研究领域的研究生来说尤其如此。

其四,学术成果的完善与深化。学术成果的表现形式应该完整、清晰、准确,体现理论深度和现实意义。有些研究生在研究活动中掌握了一些自己原来不大熟悉但对学界而言已是常识性的理论知识,在学习过程中积累了自己的一些心得体会,以为这些内容对于读者而言也是必须了解的,于是将这些内容也放到研究成果之中,实际上相当于把教科书中的知识搬到了研究成果之中,造成了冗余和累赘。在研究成果的修改完善阶段,就需要尽可能清理这些可有可无的内容和文字表述,力求简洁精炼。学术成果的完善还包括精细的文字加工、对引证文献和史料的仔细核对、对数据图表的认真检查等工作。在一个研究方向上有了初步成果之后,要使认识继续深入,必须使相对宏观的研究具体化,追问具体现象和问题存在的背后原因,引入新的研究视角和手段,考察相关要素重新组合的可能性。流于表面的、相对肤浅的研究成果,常常是一些凭借基本常识和直觉很容易接受的观点或结论。具有理论深度的研究成果应该具有"意料之外,情理之中"的思想特征,听起来就发人深省。

掌握学术研究的方法与技能,还需要注意不同学术领域的专业学术标准,包括正确运用标准学术术语、掌握标准研究方法和实验技能、学会标准的成果表达方式等等,这对于开展跨学科研究的研究生来说尤为重要。在涉及自己不熟悉的专业领域问题时,要对这些专业的学术标准存有敬畏之心,主动找专家请教,主动接受专业领域的同行评议,主动发现并纠正自己以往不专业的地方。"术业有专攻",在某一专业经过学术训练不能代替其他专业的学术训练,很多专业工作者在面对专业之外的问题时仍然是"外行"。如果专业工作者在涉猎专业领域外的问题时自以为是、信口开河、不懂装懂,仍有可能说出很多不专业的话来,甚至成为变相的"民间科学家",因为这种人并没有接受过对他们而言属于外专业领域的学术训练,包括外专业领域的研究范式、理论体系、专业术语、评价标准等等。我在读硕士研究生期间印象很深的一件事情,是当时学术界有关"生脉散"的争论。记得当时有一名科技人员刘亚光宣称在中药"生脉散"基础上发明了一种"抗癌神药",但是遭到学术界权威人士打压,始终得不到承认和推广,为此曾经写过小说《青春之歌》的著名作家杨沫在《浙江日报》发表长文《是这样一个人》[1]表示支持,引起学术界轩然大波。生物学家邹承鲁等学者批评刘亚光缺乏专业科学训练,认为他的"实验"缺乏科学依据。学者樊洪业(笔名"石希元",即"实习研究员"的谐音)也发表了一篇长文"是'那'样一个人"[2]来揭露此事真相。

---

[1] 杨沫:《是这样一个人》,《浙江日报》1979年12月25日第二、三版。
[2] 石希元:《是"那"样一个人——评杨沫同志的报告文学"是这样一个人"》,《自然辩证法通讯》1980年第4期。

最后直到党和国家领导人明确批示"科学上的是非要由科学家去评判",这场风波才算了结。后来我有一次见到樊洪业老师时谈及此事,他的一段话我至今记忆犹新。他说:"不排除有个别学阀压制科学创造的事情存在,但绝大多数情况下老科学家起到了科学研究'把关人'的作用,挡住了大量反科学、伪科学的东西泛滥。"由此我对尊重专业学术标准的必要性有了更深入的认识。我曾经写过一篇短文《独创与独"撞"》[①]谈自己的体会。学术研究的独创精神难能可贵,但一定要同接受专业学术训练、尊重专业学术标准结合起来,否则就有可能变成独撞,撞上"南墙"也不知回头。

(三)如何防范学术不端?

在学术研究过程中,需要注意防止不端的"术"。防范和整治学术不端现象,是科技伦理治理的一个重要方面。研究生在学术生涯起步的阶段,就需要自觉地防范学术不端行为。这方面的任何污点,都会给未来的学术成长带来负面影响。

在研究生学习期间容易出现的学术不端行为的具体表现,前面已经多处提及,下面着重谈一下这类行为产生的原因和防范措施。

学术不端行为大体上可以分为以下几种类型。

其一是抄袭剽窃,就是将别人的学术成果原封不动或者稍加改动就放到自己的著作或论文中,却不做任何说明。如果研究生

[①] 王前:《独创与独"撞"》,《潜科学》1980年第2期。

在了解到这种行为属于学术不端,仍然偷偷做这种事情,就属于学术道德品质问题了,严重的还可能引起法律纠纷。有人可能心存侥幸,觉得抄袭他人在期刊上发表的成果容易被"查重软件"发现,于是抄袭他人在学术著作上的片段;有人觉得抄袭中文期刊上的文章容易被发现,于是抄袭外文期刊上的文章;有人觉得抄袭他人的文章容易出事,于是变相抄袭自己已经发表过的文章中的片段。这种投机取巧行为可能一时得逞,但成果一旦公开发表出来总可能有"露馅"的时候。在引用参考文献方面,前面提到的"伪注"实质上也是抄袭,也属于严重的学术不端。

还有一种比较隐蔽的抄袭剽窃,就是将他人在学术会议或非公开场合发表的学术见解窃为己有,在此基础上开展研究,抢先发表成果;或者将学界友人私下交流的半成品文稿改头换面,作为自己的成果抢先发表,反而说原作者是在窃取他的东西,这种很恶劣的事情在学术界也发生过。为了防范这种事情,在学术交流时要注意保留原创性思想成果的原始记录,这是维护学者正当权益的必要措施。

其二是伪造数据和实验结果。这类事情在理工科领域比较多见,在比较注重调查统计的经济学、管理学、社会学领域也有发生。伪造数据和实验结果的现象之所以屡屡发生,是因为这种事情在操作时往往是个人在私密空间中进行的,外人并不知晓。而伪造后的数据和实验结果放到学术成果中发表的时候,一般很难识别,除非过后很久其他人做重复实验时发现得不出这种结果,于是开始倒查,最后才可能揭开其中黑幕。现在国内外学术界都有学者专门从事对学术成果中伪造数据和实验结果的行为的揭发核查工作。一旦定案,伪造数据和实验结果的当事人的学术生命也就终结了。

其三是学术成果的虚假宣传。学术界对某一学术成果的评价有不同渠道,包括学者之间在研究综述和引证时的评价、书评、学术评奖、学术成果的发表层次,等等。评价时应该秉持客观、公正、全面、辩证的态度,避免夸大其词、过度吹捧、随意拔高。如果在这个过程中弄虚作假、用虚夸指标误导读者和评审专家、利用人情关系干扰评价过程,这属于违背科研诚信的问题,一旦被发现也会受到相应查处。学术成果的虚假宣传与作者署名也有一定关系。作者的个人简介需要诚实、认真,不能虚构身份。在合作成果的作者署名问题上,正当的要求是根据合作者的贡献大小确定排名顺序,千万不能在自己没有任何贡献的成果上署名,不能凭借权势、地位等与学术无关的因素在合作成果上署名或排名第一。

其四是违背研究伦理。所谓"研究伦理",指的是学术研究中需要遵守的一些特定伦理准则,如不能随意拿人体作为实验材料、不能在动物实验中出现虐待动物的行为、不能从事有可能给人类生存和发展带来不可控风险的实验、在给病人采用风险较大的治疗方案时不能违背"知情同意"原则,等等。研究生在接受"科技伦理与学术道德"教育时会具体了解这方面要求,这里就不具体展开了。研究生在参与学术研究活动时需要事先了解这些伦理准则,从起步阶段就主动接受这方面的学术训练。

学术不端行为还有其他一些表现,如一稿多用(学术成果重复发表）、凭借某种关系发表大量粗制滥造的论文或书籍、在学术评价过程中采用不正当手段影响评委，等等。这些表现在研究生接触的学术活动中也有发生，但不多见，这里不具体展开讨论了。学术研究还涉及如何处理合作研究中的人际关系、学术活动的组织安排等方面问题，都有各自的"术"的要求，需要掌握正当的"术"，有效防止学术不端。这些方面的一些具体问题在后面的讨论中将会涉及。

五、"学"与"研"

在一个学者的学术生涯中,读研究生是一个重要转折点。在本科阶段学生的主要任务是吸收和掌握知识,到研究生阶段就要学会通过研究来生产和创造知识。前面曾提到很多研究生刚刚入学时可能很难适应这种身份转变。他们不完全理解"研究"是什么意思,不知道自己应该如何研究,不清楚"学"与"研"应该如何结合起来。这是学术生涯起步阶段必须及时摆脱的一个困境。下面专门就这一问题展开讨论。

(一)"学"与"研"的相互促进

"研究"的本意是对事物的真相、性质和规律进行主动探索,研究的过程实际上依次涉及前面四个方面的问题。研究活动首先要确定对象,针对特定问题,这就涉及"学"与"问"的关系。研究的过程中要主动思考,立足于已有知识基础考察研究对象的性质、特征和涉及的因果关系,这就涉及"学"与"思"的关系。研究活动中要运用已经掌握的理论工具处理有待澄清的含混观念和待解问题,这就涉及"学"与"习"的关系。研究活动要遵循学术界对研究过程和结果表述的规范,这就涉及"学"与"术"的关系。然而,研究活动又不是前面四个方面的简单相加,"学"与"研"的关系还有一些自身特定的问题。研究工作是创造性的工作,需要获得前人没有的认识成果，提出新的见解、新的观念、新的理论模型，这就是生产和创造新知识的工作。尽管研究生阶段要求的研究成果还是初步的，很可能只是学术进展的一小步，但迈出这一小步对于一个学者的学术生涯来说却是根本性的进步。

处理"学"与"研"的关系，使其产生相互促进的效果，需要学会处理好以下几种基本关系。

其一是发散和收敛的关系。所谓"发散"，指的是在研究的起步阶段，视野要足够开阔，思路要足够宽广，想到与研究课题有关的各种可能因素，收集查阅国内外各种相关文献资料特别是最新研究进展，避免由于思路狭隘忽略了一些关键性的重要文献。思路的狭隘往往是由于没有下功夫做文献调研，又自以为是，有了初步想法就觉得用不着再拓展思路造成的。然而在"发散"之后，必须经过仔细的审视论证，逐渐清理当下研究不必要的文献和思路，将研究重心收敛到有明显科学价值和现实意义，自己又力所能及的科学问题上来，最后确定的研究方向"开口"要小，"挖掘"要深，避免大而无当。我接触过有些研究生学位论文的选题在研究生培养的"开题"环节就被否定，多半是选择了一个远远超出自己实际能力的大题目，看上去不是在研究一个具体的科学问题，而是在研究一个学术领域、一种学术思潮的全貌、一个学者的整体思想，这样的选题并不符合研究生培养的要求。"发散"主要与"学"有关，而"收敛"主要受"研"的引导，二者的关系恰好体现了"学"与"研"的相互促进。

其二是博与专的关系。研究生的学习过程中需要积累广博的知识,"硕士"和"博士"的称谓都具有期待研究生博学多才的意蕴。研究生对自己的专业方向上的知识要尽可能多地掌握,对相关的其他学科的知识也要根据需要努力学习,因为研究活动很可能是跨学科的,即使在一个学科内的专题研究也有可能涉及其他学科的视角、方法、史料。当涉及其他学科原来不够熟悉的专业知识时,一定要弄懂、认准。如果有可能的话,在跨学科研究中最好能找到其他学科中的专业学者,为自己校正对外专业知识的理解。一些人文学科的研究生在接触科技前沿的专业知识,如量子力学、相对论、基因编辑、生成式人工智能等领域的原理和方法时,往往喜欢通过一些通俗读物加以了解,而这些读物有不少介绍是不够专业的,这样就难免被带偏了研究思路。处理博与专的关系主要从"学"的方面着眼,但在学习的内容、程度和标准上要充分考虑"研"的需要。

其三是假设与验证的关系。研究生在探索解决某一科学问题的思路和可能答案时,首先要提出合理假设,然后经过严格验证加以确认。胡适曾提出"大胆假设,小心求证"的方法论原则,对理解假设与验证的关系很有启发意义。"假设"是一种反事实的想象,需要打开思路,考虑到相关要素的各种可能关系。假设与验证的关系更多与"研"相关,但假设的提出在知识基础和方法上需要"学"的长期积累。我在学术生涯中正式出版的第一本小书就是《假说与理论》,当时收集了很多科学史上的典型事例,其中印象很深的一段话是说最早提出某种假说的科学家特别珍爱其思想成果,希望它能成功,因而更需要冷静、客观地看问题。①

---

① 王前:《假说与理论》,辽宁人民出版社,1985,第 54 页。

研究生对待自己研究初期的假设也要有冷静、客观的态度,避免在验证时夹杂非理性的情感因素。

其四是继承与发展的关系。学术研究都要立足于对前人思想成果的继承,然而继承不是照搬,不能把前人确定的原理、准则、方法看成永恒不变的东西,而是要考虑其时代背景、适用范围和成立的前提条件。中国传统文化的很多思想成果具有直观体验特征,需要结合具体情况理解其特定含义。西方哲学史和思想史上有些原理性知识被认为具有"先验性",如数学公理、逻辑法则、先验综合判断、先验道德律令等等,近现代数学和自然科学发展已经表明这些先验知识也具有局限性。盲目继承前人思想成果只能窒息创造性思维的可能性。学术上的发展就是在深刻理解和继承前人研究基础上,以创新求发展,提出超越前人的新观点、新方法、新结论。研究生在刚刚开始接触学术研究的时候,既有可能过度强调继承,将前人的思想观点当成类似普遍的数学公式这样的东西,以为自己的工作只是用具体的事例加以说明,就像用具体数字代入公式符号算出结果一样;也有可能过度强调发展,以为可以抛开前人知识基础凭空构造出一个新的知识成果。前一种情况势必导致研究工作流于肤浅,而后一种情况很可能导致搭建"空中楼阁",经不起推敲和质疑。

其五是执着与灵活的关系。学术研究是一项探索性的工作,面临很多不确定因素,需要在不断尝试、反思、纠错、调整、改进的过程中逐渐逼近正确目标,最终获得预期成果。这里需要在坚持正确方向上执着,在发现错误及时调整方面足够灵活。中国传统文化强调"中庸之道","中"指的是适中、不偏不倚、恰到好处,而

"庸"指的就是在找到正确方向后持之以恒,坚持到底。① 研究生在刚开始尝试研究问题时,由于缺乏实践经验,时常发生游移不定的情况,有时遇到困难就觉得往前走不动了,很可能半途而废。如果遇到困难或阻力就想改换方向,看上去好像思路很灵活,但研究工作实际上深入不下去,很难产出高质量的研究成果。

(二)"学"与"研"的相互制约

"学"与"研"之间还可能存在相互制约的关系,搞不好也会相互牵制。有些研究生在开始接触研究活动时有一种不自信,总觉得自己还没有学好,需要不停地学习补充相关知识,越学习越觉得没有学到位。实际上,在规定了具体的论文选题之后,除了必要的基础理论知识和研究工具一定要掌握好以外,还应该补充学习哪些新知识,要根据是否能满足既定研究目标需要而定,并且在特定时间内应该能学完,否则研究工作始终不能开启。这就好比建筑一栋楼房,准备建筑材料、图纸、设备等工作必须在有限时间内能够完成,这样才能按时开工。在论文写作中要有一定的"工程"意识。我见过有些研究生和年轻学者在准备研究材料方面特别下功夫,收集了大量相关文献一一阅读,讲起来头头是道,就是进入不了研究状态,提不出自己的见解。这里的原因可能在于"学"的过程中没有考虑到"研"的需要,思考的时候没有一个明确的目标或者说"焦点","学"的东西汇集不起来,形成不了一个思想"内核"。当面对一个值得研究、有待解决、没有现成答案的问题时,一个研究生或年轻学者应该努力尝试提出自己的与众不

---

① 王前:《古韵新声——中国传统范畴的现代诠释》,科学出版社,2021,第206-207页。

同的见解，哪怕是一个很不成熟的想法，至少可以作为研究的初步目标去考察它、验证它、改进它、完善它，这样才会逐渐接近一个具有创造性的思想成果。

还应注意到，在准备研究材料的"学"的过程中，不同的材料对研究者来说引发的兴趣程度也不同。有些研究生和年轻学者可能被一些比较新奇、比较有语言魅力、容易激发联想和共鸣的文献资料所吸引，在"学"的过程中投入越来越多的精力，以至于流连忘返，忽视了研究的总体目标和主要任务，其实已经走到歧路上去，却不停地为自己找借口。他们辩解说："我主动学习一些名著和重要文献不对吗？""我努力扩展知识面，了解学术前沿的研究动态不对吗？""多学习不是更有益于研究的深入吗？"这些辩解理由存在的最大问题是忽略了研究生学习的特殊规定性。研究生写作学位论文，是在研究生学制规定的有限时间内，完成有限的培养目标，所以在时间和精力分配上一定要精打细算，不能随性，特别是不能在一些目前不急需的资料阅读上"恋战"。有些工作是需要在研究生毕业走上工作岗位后才应该做的，拿到当下阶段来就会影响主要目标的实现，所以必须有所克制。研究生的学习生涯看似很长，实际上时间节点规定得很紧凑，如果利用不好可能会很被动。

过度不停地"学"可能会耽误"研"的进程开启，反过来，沉浸在"研"的状态而忽视"学"的必要补充，也会影响"研"的深化。在研究活动的准备阶段，无论文献资料查阅多么充分，都不可能完全满足研究工作展开后出现的各种新情况，总还需要补充学习一些新知识、新方法、新文献。如果始终局限在已有的文献资料范围内思考问题,就有可能出现视域狭隘、思路偏执的倾向。随着研究工作的深入,有些以往没有学到的理论知识和方法的价值会逐渐显现出来,有些以往没有见到或没有精读的重要文献会被发现,提醒我们必须及时补课,用更深入的学习促进研究工作向纵深发展。有些重要文献可能需要在研究过程中反复研读,才能成为新的理论研究成果的坚实基础。

在研究过程中进行补充性质的学习,往往体现在这样几个方面。

其一,在研究活动中涉及研究主题的思想源流、历史背景、社会变革等方面问题时,要适当补充学习相关的思想史、学科史、文化史方面的专业知识,这是几乎所有学科的深入研究都需要补足的"功课"。这类知识人们平常有所耳闻,但很难了解得很精深,必须了解时只能通过查阅这方面的权威典籍。很多学者的书房里都备有相关的典籍和权威性的通用工具书,如《辞源》《辞海》《简明不列颠百科全书》等,还有一些思想史、学科史、文化史方面的典籍,便于随时查阅和学习。从我的科技哲学学科领域看,感到特别有价值的书包括李约瑟的《中国科学技术史》、卢嘉锡的《中国科学技术史》、查尔斯·辛格等人的《技术史》等典籍,这些巨著很难通读,但需要备在身边,需要时反复阅读其中的相关章节。这些典籍不仅是我们这些从事科学技术哲学研究的学者的必备书,很多学科领域的学者以至从事社会管理的人士也都非常看重。

其二,在进行跨学科性质的研究时,可能发现以往自己不熟悉的新领域中有些基础性、原理性的知识需要重新学习，深化已有的认识。我从事的科技哲学领域的研究就大量涉及科技前沿的新成果、新进展、新动态，需要不断"补课"，不断向专业工作者请教，才能跟上科技领域日新月异的进步。特别是科技伦理研究领域，很多前沿的热点问题是首先在媒体上披露的，如"基因编辑婴儿"引发的伦理问题、"异种器官移植"的伦理问题、"大脑芯片"的伦理问题等。要深入了解必须跟踪学习相关的专业知识，才能够弄清楚问题的来龙去脉，准确理解和分析其伦理性质和意义。尽管不要求非常专业，但至少要达到能够准确进行跨学科整体思考的程度。反过来，当理工科学者在研究工作中面临伦理、法律和社会问题时，也需要补充学习人文社会科学方面的相关专业专业知识，避免说"外行"话，作出"外行"的判断。

其三，在研究过程中了解到以往不熟悉的学术界新的研究视角、研究方法、研究工具，需要及时"补课"，才能跟上学术研究的新发展，从新的视角出发解决以往缺乏深入探究的难题。在已经有了一定学术积累和成果之后，再来根据研究工作的需要重新学习新东西，对于工作比较繁忙的学者来说是一个挑战，这等于给自己增加新的负担，但这种"补课"对于研究的深化是十分必要的。我在学术方向调整和进入新的研究领域的过程中，专门学习过一些以往并不熟悉的研究视角、方法、工具，如现代西方哲学中的过程哲学、解释学、现象学的思想方法，对于发现中西哲学之间更深层次的差异和联系，有着相当大的帮助。

（三）学术研究方案与调整

谈到学术研究的方案与调整，有些研究生可能不以为然，觉得所在学位点和导师已经为自己制订了很完备的培养计划,参加研究活动都是在导师指导下进行的,还有必要自己来制订学术研究的方案吗?

在各学位点的人才培养目标和评估标准中,都有一项关于培养研究生"具备独立开展学术研究工作的能力"的要求。当然研究生参与的学术研究活动不是绝对独立的,是在导师指导下进行的,但这种指导不能成为一种依赖,而是要锻炼将来在没有导师指导时也能自己开展学术研究,现在的接受指导是为了将来不用指导,这就是人们经常提到的"授人以鱼不如授人以渔"的关系。如果从这样一个角度想问题,在学术研究活动中制订方案并随时调整就十分必要了。研究生自己学会独立制订研究方案,确定该做什么,如何去做,如何规划时间,这是独立开展学术研究工作的第一步。这项工作可能成为决定研究生学业发展是否顺利的关键因素,不少研究生学业发展不顺利都是因为没有研究方案造成的,因为这相当于搞一项工程没有设计方案,其后果可想而知。

一般说来,在确定一个研究课题(自选题目或导师给定的题目)之后,研究生可以从如下几个方面着手制订研究方案。

其一,确定具体的研究目标和成果形式。这里指的是通过研究活动最终要实现的目的,是要完成一篇在读期间需要发表的高质量论文(由于期刊论文篇幅较短,很多研究生也称之为"小论文"),还是要完成整个学位论文(也称"大论文")中的某个章节,二者在研究生培养中的功能是不一样的。现在很多学位点都有研究生在读期间应该正式发表一定数量的学术论文的要求,其目的是通过小规模的学术训练，锻炼解决一个局部学术问题的能力。这些小论文的选题往往是预期的大论文的关键部分。如果这些小论文顺利发表了，意味着其中基本观点经过了学术界初步的同行评议和认可。将这些小论文作为进一步研究的生长点，使之有机地联系起来，再写作大论文就比较有把握了。所以在确定学位论文选题之后，首先需要有计划地确定几篇分别代表学位论文关键部分的小论文选题，然后依次将这些小论文作出来，争取发表。有些研究生将小论文和大论文写作分头考虑，前者只是为了应付在读期间的基本要求，只要能发表，写什么内容都可以，甚至选择了与学位论文基本无关的主题；后者是应付大论文写作的基本要求，觉得与小论文写作无关。实际上当评审专家看到小论文与大论文无关时，对研究生本人的学风、论文质量和学术能力是会存疑的。我曾经和研究生打过这样的比喻，写作论文在谋篇布局、驾驭研究素材、安排文字材料方面犹如带兵，写作小论文相当于在部队里锻炼怎样当一个排长或连长，而写作大论文则相当于锻炼怎样当一个团长或师长。没有前面的经验积累，是干不好后面工作的。

其二，明确研究思路和方法。选择一个研究课题的思路和方法，需要经历一个仔细酝酿和反复调整的过程，最终形成具有创新性的基本观点，这个基本观点至少要与已知的可靠知识基础并不矛盾，具有对未解决问题的解释空间，可以引发进一步的探索。所谓"确定研究思路"，就是要将已有的研究成果、相关事实、待解问题组织起来，形成支持和论证基本观点的逻辑线索，这条逻辑线索大体上对应于一篇论文的基本框架结构。换句话说，在写作一篇论文或一部学术专著之前，其基本观点或核心思想应该是预先就形成了的,或者说是已经想好了完整思路,才可以动笔。如果思路不完整、不畅通、不明晰,贸然写下去就会成为七拼八凑的草稿组合。有的研究生在论文开题之后写作进展缓慢,可能就是缺少了明确思路和方法这个关键环节的准备工作。

其三,规划文献资料的收集和加工方式。前面谈过论文写作初期国内外文献综述的重要性,这里需要强调的是收集、加工、整理文献资料也要有方案,因为这个环节有时间上的要求,要在有限的时间内找到最需要看的文献资料,从中找到最重要的理论根据、史料、证据和参考文献。现在利用网络和数据库查找文献资料很便捷,问题是这样也容易"撒网"太大,顾此失彼,抓不住重点。对相关文献资料的处理要分类对待。对于具有奠基性、支撑性、引导性的文献资料要精读,读得深,读得透;对于与论文主要理论依据、引证数据和典型案例密切相关的相关文献资料要泛读,保证有代表性、可靠性、启发性;对于与论文有某些关联,需要整体性评述的文献资料要学会浏览,尽快选择其中有价值的研究线索。如果没有研究方案,不加区别随机地查阅文献,该深入钻研的地方下功夫不够,而没必要细看的文献阅读又占用了大量时间,势必耽误整个研究进程,成效甚微。

其四,确定研究进程的时间节点。在研究生培养过程中有不少学校和学位点规定的时间节点,研究生一般都会自觉关注,不会错过。但在自己选择的研究活动中要确定更细致的时间节点,似乎大可不必。从我个人学习经历和指导研究生的体会中,觉得这个问题至关重要。因为有些研究生在自己可以说了算的时候可能有惰性,觉得平时不用太急,没必要总是赶时间。在刚开始进入研究领域的时候，由于很多事情缺乏经验，不少同学在时间预算上过于乐观，比如觉得自己很快就写出了一篇论文的初稿，并未意识到修改加工还需要相当多的时间和精力；觉得自己很快想出了一个很有创意的研究思路，没想到调整完善这一思路可能还需要很多时间和精力。我见过有个别研究生由于担心导师批评，担心在论文不断修改上需要付出很多时间和精力，于是专门拖到马上要进行学位论文中期检查或预答辩的时候才提交自己的阶段性成果，使得导师来不及看，自己也没时间改，寄希望于学位点检查评审时导师组"高抬贵手"放行。这种自欺欺人的做法不仅会害了自己，也会影响学位点的整体工作。

其五，确定修改完善的方案。在研究活动有了初步成果之后，还需要进一步修改完善，使之逐渐成型，达到标准。这方面的工作也需要制订相应方案。有些研究生在自己写出论文初稿后，期待导师帮助修改，对导师提出的修改意见尽可能用最省力的方式落实，并不想仔细琢磨自己的问题在哪里。这种依赖心理如果不改正，是永远不可能具备独立从事科学研究工作的能力的。而如果要学会自己修改，就要知道哪些地方有缺陷，怎样修改，改到何种程度才算合格。写作初稿时常见的问题是前后照应不够，出现重复、拖沓、可有可无的论述，还有可能存在从整体结构看设计不合理、有些关键性问题没有讲清楚、容易被读者误解等问题，在修改完善环节都需要处理好。最后审查自己的成果，应该从读者或评审专家的"他者"角度挑毛病，按照学术期刊或学位论文的模板逐一对照，最终感到修改到位，才能够投稿或送审。研究生要学会自己找差距，自己把握标准，才能确定修改完善的方案，最终提交合格的研究成果。

（四）如何参与科研课题？

研究生在读期间一般都会参与导师或导师组承担的各类课题，参与课题本身也是培养研究生具备独立开展学术研究工作的能力的重要环节。跟着导师做课题不只是完成导师分配的任务，还要学习导师如何申报课题、如何开展课题研究、如何完成课题结项，以利于将来在工作中自己也能够成功申请和完成科研课题。

研究生很难完全了解自己的导师申请和完成某一项课题的全过程，但可以对该项课题研究的目标、基本内容、研究过程和方法有不同程度的了解，从中体会该项课题研究的意义、课题中创新性思想成果的形成过程、研究成果的表达方式，学习承担科研课题的经验。如果能够结合自己的学位论文的研究方向，设想将来自己如果申请这方面课题需要有哪些思想准备，就有可能为毕业后走上工作岗位再申请课题打好基础。我带过的好几位博士生毕业后，都在原有博士论文研究方向上开展延伸研究，成功申报了国家社会科学基金青年项目，其中一个重要原因在于以研究生学位论文为基础申报延伸研究性质的课题，有一定研究积累，熟悉相关研究背景，便于形成有学术研究潜力的研究框架，比较容易申报成功。

研究生在参与科研课题的过程中，有必要在以下几个方面仔细揣摩，深入领会，积累经验。其一，科研课题的创新点如何凝练？承担课题的导师在申报课题时已经对该课题可能的创新之处有所预设，但要将其发展成系统、完整的创新成果，还需要开展深入的理论研讨、实验证实和修改完善。课题负责人如何组织团队成员分工合作,从不同方面推进创新性研究?又如何将各自的成果整合成课题申报时所预期的创新性成果?这里有许多方法论意义上的成功经验值得学习。其二,科研课题不是自由选择的学术研究,而是要考虑国家的战略需求,具有明显的现实针对性。如何将个人的学术研究与国家的现实需求有机地结合在一起?这对于研究生毕业以后自己申报课题至关重要。自然科学和工程技术领域的课题指南明确指向科学研究和技术开发的前沿领域,而哲学社会科学领域的课题指南既包括直接针对现实问题的理论研究和应用研究,也包括对经典文献的梳理和重新诠释,将思想演变和传承作为研究对象。然而回顾历史的课题如何实现创新?对很多学者热衷探讨的热门话题开展研究如何实现创新?如何协调课题研究与非课题研究的关系?这些都是需要下功夫解决的问题。其三,参与研究课题也可以了解科研团队的组织形式和运作机制,观察课题负责人如何将具有不同知识结构、研究专长和性格特点的团队成员组织在一起,成为一个有机整体,发挥取长补短的作用。特别是有机会参与国家重大科研项目的研究工作,有机会了解一些著名学者的研究过程、思想交流和工作方式,对于研究生来说都是难得的学习机会。

六、"学"与"缘"

研究生与本科生在学习环境上有一个根本差别,就是有了明确指定的导师,开始参加各种学术交流活动,参与导师带领的科研团队的研究工作。这时开始接触学术界更高层次的人际关系,形成新的"学缘"结构。"学缘"是学术界的特定人际关系,涉及师承、学派、合作、交流等关系。现在很多高校在学科评价时很关注"学缘"指标,即人才队伍的成员来自哪些学校和不同专业、具有何种学习经历和工作经历、参与哪些科研团队和学术团体。"学缘"的建立需要主动和自觉,这就要处理好"学"与"缘"的关系。

(一)如何与导师相处?

研究生学习期间最基本的学缘关系是与导师的关系。这种关系看起来简单,同学们只要尊重老师、认真接受指导、完成好导师安排的任务,就能够顺利毕业。实际上这里涉及一些比较复杂的问题。研究生导师既不是家长,也不是大学本科时的辅导员或班主任。研究生导师主要负责研究生学术能力的培养,也应关心研究生的思想和心理状况、学风的培养和处理相关学术事务的能力。至于研究生成长过程中涉及的其他问题,应该由其他相关部门处理。然而研究生导师对如何指导研究生的理解不尽相同,脾气秉性差异更大,所以很难概括出与导师相处的一般模式。最关键的问题是应该弄清楚从导师那里要学到什么，如何协调与导师的不同意见、如何加深师生之间的相互理解、如何形成比较融洽和谐的师生关系。我还是从自己的亲身经历和体会谈起。

我在1979年考入东北师范大学自然辩证法专业硕士研究生之后，专攻"数学辩证法"（后来称为"数学哲学"）方向。我的硕士研究生导师刘凤璞教授原来在东北师范大学数学系从事数理逻辑和数学教学法研究和教学。他的逻辑思维能力极强，思路非常清晰，表达极为严谨，对学生严格要求但又循循善诱，这对我后来的学术发展有很深的影响。当时有的老师认为硕士研究生刚刚进入学术之门，不宜过早写论文，接触前沿课题，但刘老师和导师组负责人解恩泽教授都非常鼓励研究生尽早接受专业学术研究的训练，锻炼写文章。我在读硕士期间从导师身上学到了带研究生的思路和方法，这就是不硬性约束，鼓励研究生大胆尝试；同时又及时引导，避免走弯路，关键时刻进行点拨。我记得在写作《突变理论——量变质变规律的数学模型》这篇文章的时候，当时知道已经有其他学者也在从事相关研究，有的已经作出了相关成果。刘老师给我的意见是：要认真了解其他学者已有的研究成果，不做重复性工作，一定写出新东西，达到新的理论层次。这一指导意见对我后来的学术研究和指导研究生的工作一直有着深刻影响。

1997年，我到东北大学攻读博士学位，从导师身上又学到了如何提高学术研究层次和境界的一些重要启示。我的导师陈昌曙教授给我规划了一个比较特殊的培养模式，一方面按照常规要求听课、完成所有培养环节，另一方面尽快进入研究环节，尽早定题,进入博士学位论文写作阶段。在攻读博士期间听课是难得的学习机会,印象最深的是听陈老师讲技术哲学原理课。陈老师讲课用的讲稿,就是后来出版成为科技哲学界经典文献的《技术哲学引论》①一书的手稿。听他讲课不仅是在汲取技术哲学知识,也是在接受哲学思维训练,感受哲学家是怎样提出问题,又是怎样回答问题的。很多学者对陈老师这本书中的许多精辟论述感受极深,经常引证,但这些毕竟是从书本上读到的,可以想象如果听他本人亲自讲这些思想观点是从哪里来的,该是一种什么样的感觉。这是一场精神盛宴,是难得的享受。现在有些研究生不大理解听学术名家的讲座具有何种意义,觉得这只是一种规定任务,听谁来讲都一样,实际上错失了极好的学习机会。

在攻读博士期间,改善自己知识结构的另一方面收获是在陈老师指导下做博士论文。陈老师鼓励学生作出有特色的研究工作,他支持我选择从中国传统文化变迁的角度思考技术现代化中的哲学问题。我的博士论文题目最后定的是《技术文化观念与中国的技术现代化》,为此需要进一步补充技术思想史、社会文化史和中西文化比较方面的专业知识,了解相关的研究动态。我在技术哲学方面的第一篇论文就是《中国传统技术哲学观念刍议》②。陈老师对学生博士论文的要求是精益求精,我的论文思路有一处他总觉得不顺,反复讨论后才发现是表述的顺序有问题,一旦调整过来文气就畅通了。这种指导方法不仅使我受益,后来也用到指导我的学生的实践中,这就是文脉的传承吧。

---

① 陈昌曙:《技术哲学引论》,科学出版社,1999。
② 王前:《中国传统技术哲学观念刍议》,《东北大学学报》(社科)1997 年第 3 期。

陈昌曙教授是我国技术哲学领域的开创者,他在哲学原理方面的理论水平明显高于不少技术哲学界同行。有些搞技术哲学研究的学者原来是理工科出身,他们搞技术哲学研究和教学所需要的哲学理论知识大都是后来学的,对哲学原理知识的兴趣往往根据技术哲学研究的具体需要,够用了就不想再深究,由此往往导致实用性过强,在现象描述、理论阐释、提供对策的模式中循环往复。陈老师虽然也是理工科出身,但他对哲学原理本身就有浓厚兴趣,在本体论、认识论、方法论、价值论等领域都有深入研究和独到见解。由于在哲学原理研究的基础上看待技术哲学问题,所以他的见解更深刻、更有哲学意蕴、更有创新性。受他的影响,我也注意加强哲学原理方面的修养,立足科技前沿问题思考在哲学原理上应该有什么新突破。按照他的要求,我采用"讨论班"式的教学方法,给东北大学的哲学专业硕士研究生开设"哲学原理"课程,后来延续到在大连理工大学给哲学专业研究生系统讲授哲学原理,还专门进行了哲学原理领域的一些专题研究,这对我后来的学术发展非常有帮助。

除了与自己的导师相处之外,我也观察到了其他一些研究生与导师相处时的状况和其中的问题。我的很多学界友人都曾深情回忆导师给予的关怀、指导和无私帮助,我从他们的师生关系中也得到过很多启示。当然,我了解到有些研究生与导师相处时遇到困难,有时候不太好协调。如果从一开始就注意一些处理师生关系的方法,后面的关系发展可能会比较顺利。我有以下这样几点建议。

其一,研究生对导师都很尊敬,有些同学可能与导师关系很亲近，很崇拜导师，但不要期待从导师那里得到像家长放任孩子那样的待遇。如果研究生本人在学业上出现错误，在学术研究中出现严重问题，招致导师批评，必须认真对待，知错就改，千万不能敷衍了事。有些研究生在写出论文初稿后不想自己投入时间和精力反复修改加工，而是指望导师给修改到合格的程度然后找期刊发表。如果导师要求研究生本人一遍一遍不停地改，这些同学就可能觉得导师对自己关心不够。实际上，指望自己拿出"半成品"而要导师"兜底"，不仅会增加导师负担，更主要的是没有学到学术研究的真本事，这才是对自己最大的不负责任。

其二，研究生对导师的学识大都很佩服，有些同学甚至在心目中将导师神化。也有的同学对导师在人际交往方式、脾气秉性、生活习惯等方面不大赞同，甚至觉得很难相处。但无论如何，都不要影响导师对自己的学业指导和培养进程的顺利展开。研究生要自觉地向导师学习开展学术研究的思想方法、实践经验和创造性思维能力，弥补自己的不足之处。即使与导师有不同意见和处事风格，也应该求同存异，从导师身上学到自己应该掌握的东西。

其三，研究生要主动保持与导师的学术交流和沟通渠道，不要怕说错话，不要怕挨批评，不要怕暴露学术上的弱点。研究生向导师如实汇报自己的学术研究进展状况和问题，如同在医院里病人向主治医师汇报病情一样，不能讳疾忌医，不能避重就轻。有些研究生见到导师有一种畏惧感，就像做错事的小孩见到家长一样，这是大可不必的。要真正提高自己的学术能力，必须主动征求导师的批评指导意见。我的导师陈昌曙教授在很多人眼里是不大容易接近的，对学生要求严格，办事认真，讲话直来直去，批评人毫不客气，不少学生对他都有敬畏感。我和他接触多年，却感到情感交流十分融洽。陈老师特别鼓励学生认真做学问。只要学生能够认真领会他的思想观点，主动思考，完成高质量的学术成果，他就会由衷地高兴，尽全力帮助扶持学生。我想很多研究生导师都会有同样的心情。

（二）如何进行学术交流？

研究生在建构自己的"学缘"关系方面，除了向导师学习请教之外，还应该利用各种机会向学界前辈和同行请教学习方法和研究方法，开展广泛的学术交流。学术交流不仅能开阔研究视野，了解学术动态，得到启发产生灵感，而且能建立学术合作网络。学术交流的方式包括参加各种学术会议、听学术报告、参加讲习班、学术访问、利用媒介交流等方式。我这些年来在学术交流方面受益较多的方式，一是请教学术名家，二是与国内同年龄段的学界友人和一些中青年学者建立稳定的思想交流关系，三是与国外相关领域学者之间开展学术交流。

其一，有准备地主动请教学术名家，会有难得的收获。对研究生来说，向学界前辈请教可能感到比较困难，担心素不相识显得冒昧，担心谈吐不当招致批评，所以即使有机会见到学界前辈也远远躲开，很难跨越感到畏惧的心理障碍。向学界前辈请教需要具备适当的研究基础，提出应该认真思考和提炼的有深度的问题，使学术前辈能够很快理解你请教的问题，提出有针对性的指导意见和建议，这样才能开展交流，逐渐建立稳定持久的联系。学界前辈都有很敏锐的洞察能力，对学生或年轻学者的思考方式和弱点看得很透，在他们面前耍小聪明很容易被看穿。即使不当面批评，也会留下不好的印象。这是与学界前辈接触时应该特别注意的。

在我的以往经历中，除了自己的导师以外，还有几位学界前辈对我的影响相当大。我从他们那里不仅学到了很多非常宝贵的治学经验，而且在他们的引领下不断扩展研究视野，开拓新的研究方向，受益极深。

记得 1983 年在大连参加"全国物质论学术研讨会"期间，我曾专门向吉林大学的舒炜光教授请教应该如何读书的问题。舒老师是科技哲学界的大家。他思想深邃，回答问题言简意赅，极富启发性。我当时的问题是：当觉得很多书籍都应该仔细阅读，而时间又很有限的时候，如何选择读书的顺序？不同类型的书籍应该读到什么程度？他回答说："要带着问题读书，根据学术问题研究的需要选择应该读哪些书，读到什么程度"，这使我豁然开朗。学海无涯，书山无法穷尽，随性选择读书肯定效果不佳。"带着问题读书"就有了可操作的线索和标准。这对我后来的学习和研究生活非常有启发意义。

另一位对我影响很深的学界前辈是我在数学哲学研究领域的引领者徐利治教授。徐老师是国内外学术界公认的著名数学家，而且在数学哲学和数学方法论领域有深入研究。我和徐老师的交流是跨学科的，我与他共同关注的是数学发展中的方法论问题，特别是数学思维的规律性问题。我对数学本身的了解与徐老师对数学的博大精深的理解当然相差非常远，哲学的研究范式与数学的研究范式又有明显反差。在这种情况下,我努力把讨论涉及的数学专业知识和典型事例搞清楚,同时又将相关的哲学思想资源和我的见解向徐老师解释清楚,请他从数学家的角度进行评论,看我们能否就共同关注的问题达成共识。这种做法得到徐老师的热情鼓励和赞赏,这对于我和徐老师的进一步合作极有益处。凡是与不同学科的学界前辈交流,实际上都涉及找到共同的思想基础和话语基础的问题。

还有一位是美国技术哲学家米切姆教授。米切姆教授是国际著名技术哲学家。他面容严肃,实际上平易近人、待人真诚友善。我和米切姆教授相识于2007年在大连召开的"科技伦理与职业伦理"国际学术研讨会,此后一直保持学术交流与合作关系至今。米切姆教授是一位对技术哲学和技术伦理问题有着深刻思想见解的大哲学家,不仅具有开阔的国际视野,而且对不同文化传统的思想成果都持有开放、理解、尊重的心态,对中国的思想文化也很感兴趣,这一点十分难得。他对中国道家的技术哲学思想,特别是"道"的技术哲学意义有过很深入的思考。他在了解到《庄子》中"抱瓮老人"的寓言之后提到,假如现在发明了完全自动化的浇灌系统,甚至将来实现农耕活动全部自动化,那么农民还是农民吗?这对农民来说是最好的选择吗?这种思路确实发人深省。与米切姆教授的思想交流总能有许多意外的收获,这里的关键同样是找到共同话题,有共同的思想基础,更重要的是能够体现中西思维方式的不同特色和互补关系。

其二是与国内同年龄段的学界友人和一些学界后起之秀建立稳定的思想交流关系。我每次参加学术活动都有机会接触不同地区、单位、专业和不同年龄段的学者,但能够长期保持思想交流关系且有深度合作的学者并不很多。这里不仅需要有对交流对象个性特征、学术思想、交往需要的深入了解,还需要相互关心、热诚待人、持之以恒。

与年龄相仿的学界友人交流是一个难得的学习机会,可以学习他们的治学方法、思想观点、科学精神和学术鉴赏力。有几位年龄相仿的学界友人对我的学术发展影响特别深,从交往中获益良多。

第一位是中国科学院大学的李伯聪教授。他是我国工程哲学研究的开创者,他对工程哲学的研究是多年来持之以恒深思熟虑的结果。我和李伯聪教授相识于1978年,我们的交往从那时起一直延续至今。我从他那里学到印象最深的长处就是学术研究上的战略眼光和定力。他从20世纪80年代开始思考工程哲学问题,1988年出版《人工论提纲》①,经过近20年的积累才出版《工程哲学引论——我造物故我在》。② 自2004年起,他和几位中国工程院院士密切合作,持续推动工程哲学,逐渐形成了具有中国特色的工程哲学研究学派。这中间每一阶段都需要十分艰苦的努力。但每次谈及这些事情,他都显得非常平和、冷静、自然,这种气质也是很少见的。

第二位是中国人民大学的刘大椿教授。我和刘大椿教授相识于1981年,当时我们东北师范大学自然辩证法专业第一届硕

---

① 李伯聪:《人工论提纲》,陕西科学技术出版社,1988。
② 李伯聪:《工程哲学引论——我造物故我在》,大象出版社,2002。

士研究生由两位导师带领外出访学,在中国人民大学见到自然辩证法专业的研究生导师和同学,刘大椿教授当时即将研究生毕业,后来留校任教。我们相识后交往逐渐密切,我从他身上学到很多东西,印象最深的是他的思想深刻、睿智、幽默。记得有一次在他家中做客,恰好赶上他在接一位佛教协会朋友的电话,那位朋友境外出访行程已定但手续却没办好,急得不得了,到处征求解决问题的主意。刘大椿教授帮他从多种角度考虑对策,最后一句话极为精彩。他说:"如果各种办法都想到了,那就随缘吧"。"随缘"应该是高僧劝导凡夫俗子的话,却从一位哲学家口中说出劝慰佛教界朋友,悟性的高深真是活灵活现。我一直觉得哲学的修养不是完全靠知识积累堆出来的,真正的智慧一定体现在日常生活的细微之处。刘大椿教授指导出很多后来成为知名学者的博士生,这和他的潜移默化的影响应该密不可分。

第三位是中国社会科学院哲学研究所的朱葆伟教授。他曾多年担任《哲学研究》的常务副主编,对哲学领域的各种学说、观点、文献有敏锐的洞察力。我记得我有几次在他的指点下修改稿子,我觉得已经改得差不多了,他却仍然耐心而又执着地说:"再改一改,我总觉得还差那么一点点。"事后反思,他的判断和修改意见是很准确的。也正因为在这方面体会很深,所以我在开始从事机体哲学研究时要专门征求他的意见。像朱老师这样的权威学术刊物负责人要不断审读来自全国各地的大量稿件,对学界思想动态、不同学者的研究水平、不同稿件的写作风格和缺陷见多识广,这种鉴赏能力是别的岗位的学者很难具备的。他们的见解是很珍贵的思想资源,值得重视和珍惜。

与中青年学者的学术交流，可以感受到他们的开拓求新精神和旺盛的创造活力，他们的很多视角独特的思考也非常有价值。从他们的成长经历中，也可以发现很多生动事例，对正在读研究生的同学们也会有很多启发。我时常和自己的研究生交流这方面的心得，他们也感到很有收获。下面举几个中青年学者的例子。

第一位是目前在北京航空航天大学任教的张恒力教授。张恒力教授是我带过的硕士研究生，当时只是感到他做学问很扎实，学习很勤奋，为人很热心，但还没有充分估计到他后来的发展潜力，这也可能正是他难得的优点。我很欣赏他脚踏实地的进取精神，一步一个脚印，不怕挫折，从不气馁，这种情商是青年学者身上很需要的。后来他去北京考取中国科学院研究生院胡新和教授的博士生，毕业后在高校任教。他的长处在于持续不断地实现既定目标，积累起来就是相当显著的进步。

第二位是厦门大学的陈玲教授。陈玲教授是郭金彬教授当年指导的博士生，毕业后留校工作，主要从事科技哲学、科技思想史、科技文化方面的研究。她当年的博士论文是有关《唐会要》中科技思想的研究。《唐会要》是多卷本的古书，研究该书需要在图书馆的旧书库一本一本仔细查阅。听郭金彬教授介绍，由于旧书尘封已久，螨虫很多，容易感染，陈玲曾经翻阅到手肿起来，仍坚持不懈，做学问的认真刻苦可见一斑。后来我发现她的这种治学态度已经影响到她指导的博士研究生，这种学术传承也是很难得的。

第三位是大连理工大学的张卫教授。他是我指导的博士生，本科就读于华中师范大学的物理实验班，硕士读的也是科学技术哲学。他的特点是认准一个合适的研究方向后持续深入研究，不断拓宽视野，不断产出成果。他的博士学位论文是《当代技术伦理中的"道德物化"思想研究》，此后多年来一直围绕"道德物化"这个主题，进一步探讨了"技术伦理的内在研究进路""中国传统技术发展中的道德物化""算法中的道德物化"等问题，还开拓了对美国"田野哲学""技术民主化设计"等领域的相关研究。年轻学者好奇心比较强，不少人容易见异思迁，追逐热点问题，张卫在学术方向选择上很冷静，也很执着，这是不容易的。

其三是与国外相关领域学者之间开展学术交流。研究生在读期间可能有机会参与国际学术交流，有些高校的学位点会支持研究生出国参加学术会议，或者去国外有交流合作关系的大学联合培养。接触国外学者，不仅可能遇到语言交流上的问题，还要考虑与国外学者在学术范式、评价标准甚至价值观方面的差异问题，需要积极稳妥加以解决。我所在的大连理工大学哲学专业从2003年起开始在技术哲学、科技伦理、科技思想史领域组织了多种形式的国际学术交流，我指导的研究生中很多人参加过国际会议，好几位去国外联合培养，在这方面积累了一些经验体会，对于研究生参与国际学术交流可能有一定启发。

大连理工大学科技哲学团队与德国哲学界有过稳定而深入的学术交流，得益于李文潮和王国豫两位教授的关键联系和组织作用，他们与中德两国哲学家都有很深的交往。通过他们的联系，大连理工大学刘则渊教授与德国柏林理工大学的波塞尔教授共同主持了两届"中德科技伦理学术讨论会",与德国斯图加特大学的胡必希教授共同主持了第三届"中德科技伦理学术讨论会"。波塞尔教授和胡必希教授都是德国哲学界著名学者,这种学术交流一开始就立足于很高的学术层次上。

我们这个团队与美国学术界的国际学术交流,是从 2007 年"科技伦理与职业伦理"学术研讨会结识米切姆教授开始的。在米切姆教授帮助下,我们研究团队和其他国内学者 2010 年一起参加了在美国举办的"哲学、工程与技术"国际论坛(fPET)等会议,以后又相继参加几届国际技术哲学大会,并且和美国北得克萨斯大学等高校学者联合举办了系列"中美环境伦理与负责任创新学术研讨会"。这些会议上都有研究生参加,而且表现都很出色。

我们这个团队在东亚应用伦理与比较思想研究方面的交流,起因是日本神户大学学者羽地亮来大连理工大学访问,交流中谈到在应用伦理和应用哲学方面很多学者有共同兴趣,于是酝酿组织一次学术研讨会,由神户大学、台湾大学、大连理工大学(后来又加上韩国庆熙大学)共同发起,轮流主办,第一次在神户大学举办。各方参与人员可以包括教师和研究生,这样可以给学生创造一个学术交流的平台。东亚应用伦理与比较思想系列学术研讨会从 2010 年到 2019 年,先后举办了九届。神户大学的松田毅教授、嘉指信雄教授,台湾大学的苑举正教授、李贤中教授、杜保瑞教授,庆熙大学的许祐盛教授、李韩古教授在历届会议组织中发挥了关键性作用,大家相互支持、主动配合,保证了每次会议的圆满成功。尽管每届会议规模不大,但主题集中,讨论充分,成效明显,特别是对培养研究生的学术交流能力有极大帮助。

我们这个团队与荷兰科技伦理学界的交流,起因于 2011 年邀请荷兰著名哲学家霍温教授访问大连理工大学。通过相互交流,了解到中荷双方在科技伦理研究方面的进展和共同感兴趣的问题,由此促成了 3TU-5TU 交流合作的开启。关于这方面的具体合作机制和收获,下面在讨论如何开展学术合作时再具体说明。

在国际学术交流中,有可能会碰到一些意外情况。与我们进行交流的国外学者绝大部分对中国都是很友好的。但国际会议上也有可能碰到对中国怀有对立情绪甚至敌意的学者。在 2008 年一次中德学术研讨会上,就有一位学者在发言中突然指责中国近年来快速经济发展的成就是"带血的 GDP",因为出现了不少矿难、建筑物坍塌、火灾、环境污染等工程事故,造成不少人员伤亡,他认为这是缺乏工程伦理的表现。在这样的场合,如果中国学者不及时作出回应,就会造成恶劣影响。我当时的回应讲了三个观点。其一,经济和技术快速发展中出现的这类工程事故令人痛心,但这种事件在很多国家现代化起步阶段都很难避免,欧洲和美国历史上也有过很多这一类事件。其二,这位德国学者对这类工程事故的了解,都来自中国的官方报道,这表明中国政府是正视这类事件并下决心治理的。随着治理措施的落实,这类事件在逐渐减少。其三,可以预见,随着中国社会治理不断完善和发展,这类事故会越来越少。作为科技伦理领域的学者,应该在这一进程中发挥更大的作用。我讲完之后,会议的德方主持者、一位著名技术哲学家递给我一张纸条,上面写着"OK"。事后反思,我觉得这种场合有理、有利、有节的反驳是十分必要的。研究生可以从这件事情上得到启发,以后遇到类似情况恰当应对。

(三)如何开展学术合作?

与国内外学者开展学术合作,是"学缘"结构的更高层次。学术合作需要在对等、互利、互助的基础上进行,不仅要求学术研究的层次相称、能力相当,还要求各方相互理解、相互尊重、真诚守信、积极主动。如果学术交流仅仅局限于请专家讲学和参加学术会议,对学科建设和人才培养的作用是有限的,开展高质量的学术合作才能获得高层次的学术成果,产生更大的学术影响。

我在学术合作方面,大致有以下几种情况。

一是个人层面的学术合作,包括与学界前辈合作撰写学术论文与专著、与学界友人或中青年学者合作完成学术成果、与我指导的研究生合作完成学术成果。从研究生学习成长的角度看,如果遇到这种个人层面的学术合作,特别是得到合作邀请,而且比较有把握发表成果的时候,一定要十分珍惜,认真对待,千万不要觉得心里有底就放松对自己的要求,拿出质量不高的半成品敷衍合作者。这种不认真合作的事情只要有过一次,以后就再也没机会了。

二是参与或主持集体合作项目,包括参与某位学者主持的期刊专栏、主编的学术著作或系列丛书,以及我主编的学术著作或丛书。参与集体合作项目的突出问题是信守承诺,不仅要保证质量,还要保证进度,不要因为自己的拖延影响整个项目的进程。

作为一本书或一套丛书的主编,要为整个项目的每个章节负责,所以在选择合作者的事情上一般都会相当谨慎。我很感谢在我的学术生涯起步阶段,一些学界前辈和友人邀请我参与这种集体合作项目,比如在李伯聪教授推荐支持下参与于光远先生主编的"教育理论专题研究丛书",写了《理科教育中的德育》(1991),这是我在科技伦理研究领域的第一本书。我还在李醒民教授主编的"哲人科学家丛书"中写了《希尔伯特——探索数学的生命》(1993),这是我尝试用深入浅出的笔法介绍数学家思想方法的第一本书。这些合作项目对我后来的学术发展有很大的推动作用。

三是在参与学术社团工作方面的合作。学术团体是学术交流的重要平台,在学术团体的兼职也是学术评价的重要指标。我一直是中国自然辩证法研究会学术活动的积极参与者,还与友人一起发起成立了中国自然辩证法研究会下属的科学技术与工程伦理专业委员会。此外我还参与了中国科学史学会、中国伦理学会、中国科学学与科技政策研究会等学术团体组织的一些学术活动。在学术团体中会接触各种类型的学者,可以和有些学者建立并保持长久的学术联系。我的体会是在学术团体中要保持谦逊、平和、诚恳、热诚的心态,积极参与学术组织工作,但避免功利主义倾向。对于学术交流中的不同意见,采取平等、客观、宽容的处理方式。中国传统文化主张"和而不同",在处理学术团体中的人际关系方面尤为重要。

四是与国外学者和学术团体的学术合作。前面提到3TU-5TU交流合作,这是我国科技伦理学界与国外科技伦理学界学术合作的一个比较成功的案例。3TU是荷兰三所理工科大学

(代尔夫特理工大学、埃因霍温理工大学、特温特大学)联合组成的"科技伦理研究中心"的简称(后来又增加了瓦赫宁根大学,变为4TU),这是一个成立很早,运行很成熟的学术团体。5TU 是由大连理工大学牵头,其余四所理工科重点大学(北京理工大学、东北大学、东南大学、哈尔滨工业大学)科技伦理领域学者组成的"科技伦理研究联盟"的简称(后来又增加了清华大学、浙江大学、华南理工大学,变为8TU)。合作双方从 2012 年开始,每年交替在中国和荷兰举办双边科技伦理学术研讨会,同时联合培养研究生、联合承担科研项目、联合发表研究成果。我们在与德国、美国、日本等国学者的交流合作中也联合发表了一系列成果,包括在《科学与工程伦理学》《环境伦理》等重要国际学术期刊上介绍了我们中国学者的研究成果。在与国外学者和学术团体的学术合作中,有一个深切的体会,就是既要有国际学术眼光,又要有中国学术特色。荷兰、美国、德国的学者都很希望听到中国学者立足于中国文化背景的学术见解,认为这样的交流才有互补性和可持续性。陈昌曙教授在总结学术发展的基本战略时提出"没有特色就没有地位,没有基础就没有水平,没有应用就没有前途"[①],这句话不仅对国内的学术研究有深刻的启示,而且对国际学术交流也有重要的指导意义。

---

① 陈昌曙:《陈昌曙技术哲学文集》,东北大学出版社,2002,第 106 页。

七、"学"与"业"

人们通常将顺利完成大学本科、硕士、博士不同阶段学习目标称为完成"学业",因为"学业"关系到今后的事业发展,而"学业"的完成不仅需要在"学"上下功夫,还需要在"业"的方面有精心筹划。学业和事业都涉及目标、内容、过程和结果,需要有整体规划、发展战略和具体评价。对研究生的发展而言,学会自己制订专业发展规划、有效利用时间资源、合理进行自我评价,不仅有助于在读期间"学"与"业"的有效互动,更有助于毕业以后长远的事业发展。

(一)如何制订专业发展规划?

在研究生学习期间,很难制订更长远的专业发展规划,但可以从制订眼前的专业发展规划做起,开始积累这方面的经验。是否有自己的专业发展规划,对于一个研究生的学业进步至关重要。没有专业发展规划的同学往往随波逐流完成了学业,但毕业后回过头来看可能意识到没有发展规划的缺憾。在研究生学习期间,有机会对学界前辈、导师、同学、同行的专业发展状况和经验教训有更多的了解,也可以从中领悟如何制订专业发展规划的方式方法。在一个学者的学术生涯中,专业发展方向可能发生转变,可能出现不同方向并行发展和系统整合的情况,如何进行规划和调整？这是需要在整个学术生涯中不断思考和抉择的事情。

制订专业发展规划的核心问题是思考和评估自己的学术研究有什么理论意义和实际价值，是否会得到足够的社会支持，能够在自己的事业发展中起决定性作用，这是具有战略意义的选择，需要在方法论层次上进行深入思考。制订专业发展规划的根本原则是"学以致用"。当然"用"需要做具体分析。如果从纯粹功利角度衡量"用"的价值，可能会把很多没有直接产生功利效果的学术研究当成"无用"，这是一种浅薄、近视的观点。可是完全不考虑社会现实需要，孤芳自赏，闭门造车搞学问，学术研究没有产生任何社会效益，也是需要避免的极端倾向。如何能做到学以致用？对于研究生来说，这是需要经过反复摸索才能把握好的问题。从"学"到"用"，这中间有若干个环节。学到的知识要能够运用到研究活动中，研究活动要能够获得一定的成果，研究成果还要能够得到学术界的承认（如正式出版、刊发、申请专利），已经公开发表的成果要在解决实际问题方面产生应有效益，这一系列环节涉及研究者、评价者、管理者等多方主体的关系。有些学者主张搞学问不需要考虑现实需求和社会影响，这种看法并不适合刚进入学术研究领域的研究生。在不完全清楚自己的学术研究是否适应社会需求的时候，需要反复审视自己的研究方向、方法、途径是否合适，不要固执地以为自己的研究一定是"无用"之"大用"。

研究生判断自己的学术研究是否能够致用，要注意看自学术界的各种反馈意见。研究生的开题环节是第一道关口，导师和导师组会明确指出研究生的学位论文选题是否具有理论价值和现实意义。而写出论文或专著投稿经评审后得以发表，或申请专利得到批准，成果发布后得到关注和引用，这是考验学以致用的第二道关口。从理论成果到实际应用，以至产生显著经济效益和社会效益，还要经过企业、市场、社会和公众的检验，这是考验学以致用的第三道关口。学术研究是否"有用"或者有"大用"，归根究底是由社会需求决定的，有着客观的标准。如果从知识生产的角度理解学术研究，判断学术成果的价值类似商品生产，既要考虑其使用价值，也要考虑其交换价值，不能完全从自己的主观角度加以判断。如果一个学者煞费苦心研究出来的学术成果只能自己欣赏和受用，完全不考虑别人的和社会的需要，就好比一个制作工艺品的工匠只凭个人兴趣设计和生产工艺品，完全不考虑是否有顾客来购买，那么这种工艺品很可能长期摆在橱窗里无人问津，即使自己认为很"有用"，最终也会变成"无用"。当然，有些论文本来包含很好的研究成果，甚至很深刻的创见，但表现形式不合适，不大考虑读者理解的需要，用了一些生僻概念又不加充分解释，文字表述不流畅甚至有些"硬伤"，都可能被出版单位和评审专家退稿，这样本该"有用"的成果也会变得用途较差或"无用"。学术论文要经过校内外专家评议，往相关刊物投稿要经过"盲审"，这时注意要使评审专家容易理解，一目了然。我时常提醒研究生，在写作论文时要想到评审专家会怎么看、怎么想、怎么评价。这种"换位思考"有助于恰当地表达自己的思路和观点，便于对方理解，避免使本来应该"有用"的研究成果处于"无用"的境地。有些时候，研究生的研究工作已经展开，有了一定阶段性进展，甚至接近最后完成，就是差那么"一点点"，但还没有完成最终成果，能不能说这种研究工作"无用"呢？就研究工作的进展和积累而言,当然这种研究工作很有价值,很有用,但这种"有用"还没有从潜在变为现实,如果从学术成果评价角度看又是"无用"的。我时常给自己指导的研究生提出建议,要锻炼把事情"做成"的本事。事情做到 99%,毕竟还是没做成,不能到此为止,学术界最终评价的还是成果。所以同学们绝不能满足很多研究和写作选题都有进展这种状态,而是要把能完成的事情尽快完成。

还应注意,有些论文投出去被退稿有着其他一些原因。学术刊物或出版社需要经营,要考虑经济效益和社会效益,所以会选择学术界和社会上最关注的选题优先发表,有些相对冷僻的研究成果可能不会很快就发表。有些刊物对组稿选题、内容、格式,甚至作者资历、学历等方面有特殊要求,不符合要求的也会退稿。学术界的同行评议制度整体上看,能够保证绝大多数有理论价值和现实意义的成果及时得到认可和应用。真正有价值的研究成果不大可能始终被埋没,这种事情更不容易发生在刚刚开启学术生涯的年轻学者身上。如果年轻学者觉得自己的研究成果确实有价值,必要时可以请那些理论功底深厚的学者做一下评价和鉴别,这是一种客观但很有价值的衡量标准。如果得到他们的认可,就应坚持下去,继续修改,继续投稿,直至产生应有的学术影响。

在学术研究中,理论意义和现实价值都是人类社会发展所需要的。有些学者在选择具体研究方向和课题时,可能在如何协调理论研究和现实应用的关系上拿不准主意。如果一个学者只能从事单一的理论研究或单一的应用研究,那么在工作环境发生变化不利于继续开展研究的情况下,就可能被迫中断或延缓研究工作进程。因此，研究生应该尽可能锻炼理论研究和应用研究两个方面的适应能力，或者叫作"两栖"能力。我接触过一些认为自己只适合搞理论研究或者只适合搞应用研究的学者，不愿适应这种"两栖"学术生活，结果遇到不少烦恼，或者觉得理论研究路子越走越窄，实在搞不下去；或者觉得应用研究受到经费、设备、人手、场所等条件制约，很难开展。一个学者的学术生涯中难免遇到各种困难和坎坷，一帆风顺的情况是很少见的，所以必须提高自己的适应能力。

协调理论研究和现实应用的关系，还包括另一层意思，就是要想深化理论研究，需要关注现实生活对理论研究的需求，从现实需要中发现问题、汲取思想营养、寻找支持动力；反过来，要深化应用研究，也需要寻求理论资源，提升理论水平和方法层次。我主要从事科学技术哲学研究，也涉及中西哲学比较、机体哲学、科学思想史等领域的研究，总体上属于理论研究领域，但我的学术生涯中深切感受到密切关注现实应用的极端重要性。哲学研究尽管理论性极强，但最终是为现实服务的，是要通过转变人们具体的思想观念和行为方式起作用的。如果科学技术哲学研究最终不能影响科技工作者和科技管理人员，在科技界看来是可有可无的学问，那么科学技术哲学最终会变成"无花之果""无本之木"，其生机和活力会逐渐衰退。陈昌曙教授那一代技术哲学家在开展技术论、技术创新比较研究、技术哲学基本问题研究时，要带领同事和学生们到企业调研，这种传统是需要认真传承的。我在带领学生搞"负责任创新"研究时，曾去大连港和大连高新产业园区的一些企业调研，深深感受到协调理论研究和现实应用的关系的重要价值。企业经营中大量生动案例是"学院式"研究无从体会到的,只有到现场才会领悟其中的现实问题具有怎样的理论意蕴和重要价值。任何理论研究要想深入,都不能局限在"象牙塔"之内,而是要了解现实需求,从回应现实生活提出的重大问题中激发生机和活力。

在做了上面的基础性讨论之后,再来看具体的专业规划问题,就比较容易找到一些便于遵循的方法和准则。研究生在开始准备报考研究生就面临选专业和方向的问题。这方面的选择当初都很难深思熟虑,因为所选专业和研究方向是否适合自己,往往入学后才慢慢知道。对于绝大多数研究生来说,选择研究方向和目标首先需要自己动脑筋琢磨,因为只有自己才最了解所选的方向和目标是否真的合适,是否真的可行,而导师的作用只能帮助研究生做判断和选择,如果不合适还需要研究生自己主动调整。如果一开始选择的方向和目标不恰当,没有较宽广的知识储备和研究积累,一旦需要调整很可能没有备选方案。所以硕士研究生需要培养自己选择调整研究方向和目标的能力,而博士研究生还需要培养适当开展并行研究的能力,这对于将来的学术发展也是非常关键的素养。一个学者一生中可能要多次调整方向和目标。如果方向和目标选错了,又不能及时发现和调整,就会白白耽误大好时光。用什么办法才能找到适合自己的方向和目标呢?用什么标准来衡量这种选择是否得当?这种事情因人而异,很难找到普遍规律,但可以总结出一些能够参照的方法论准则。

我个人在具体规划专业发展方向和目标时,大体上遵循这样几条准则:其一,在初始发展方向上力求精深。研究生可以先从自己感兴趣的问题入手,尝试独立思考,提出一些自己的创见,不断探索前行。很多研究生导师都鼓励研究生要独立思考,勇于提出自己的新见解;不能人云亦云,盲目从众。选择初始方向和目标最好有过一些尝试性的研究体验积累。现在很多高校都很重视本科生的"大学生创新创业训练计划项目",对于积累研究方面的初步体验非常必要。一旦确定了初始发展方向,就需要仔细规划专业发展的具体目标、考虑选择哪些课题、完成哪些成果、参加哪些学术交流、建立哪些合作关系,逐步把研究工作做得精细深入,尽可能达到更高的理论层次。专业发展的这个阶段是奠定事业基础的阶段,不仅仅要积累研究成果,更重要的是了解专业发展的规律性,知道如何选择战略战术、开发学术研究新的增长点,不断提升研究水平。

其二,通过并行研究拓宽视野。在确定一个主要学术发展方向之后,如果有条件和精力,可以在其他相关方向上投入一部分时间和精力,同时开展并行研究。这样做的好处是可以借鉴相关学科的理论视角、研究方法和史料,促进学术研究的全面发展。很多学者都有过在一定时期同时在几个领域开展并行研究的经历,这里也有一些方法论上的问题。我个人的体会是,开展并行研究一定要注意不同方向和目标之间的内在联系,争取做到相互促进、相互支撑、相互渗透,而不是彼此隔绝,分散精力,顾此失彼。

其三,适时调整专业发展方向和目标。如果发现不具备实现预期目标的基本条件,就立即调整方向。比如发现自己并不具备实现预期目标的知识基础,又不可能补上;不具备相应的研究能力和工作条件,又不可能很快获得。这样即使已有的"创见"还没最终判定是否有价值，从发展战略上看也需要及时调整，不能"一条道走到黑"。有些时候，通过适当调整可能发现，真正合适自己的方向和目标其实就在不远处，而原来的研究体验和知识积累是可以转移过去的。

其四，在条件成熟时系统整合。在几个不同学术发展方向上都有一定研究积累之后，如果发现这些方向的成果之间有一些内在的联系，可以共同支撑一个更高理论层次的研究方向，或者叫作"元理论"的研究，就可以进行系统整合，建构更为根本的观念体系。总的说来，要不断开发学术研究的生机和活力，必须注意保持学术研究的可持续性和理论层次的不断提升。我并不排斥热点问题研究，但我更看重可持续的原创性研究，这样才能保证一个学者的学术生命之树长青。

抽象地介绍这几条准则可能缺乏启发性，我下面通过自己的亲身经历加以说明。在我的学术经历中，有过几次重要的专业发展方向调整。

我报考硕士研究生的"自然辩证法"专业后来改称"科学技术哲学"，是哲学一级学科下的一个二级学科。当时自然辩证法专业下面有数学辩证法方向，后来叫数学哲学，主要从哲学角度研究数学研究和应用中的本体论、认识论和方法论等方面问题。当时这一领域的学者很多是数学专业出身，对哲学原理和数学哲学研究动态有一定了解，主要工作是研究哲学在数学形成和演化中的体现，对西方数学哲学主要流派的介绍、分析和评价，也有些学者探讨现当代数学新进展的哲学意义，以此丰富哲学认识论和方法论的理论内涵。在选择数学哲学作为初始方向和目标之后，我在这个领域持续研究了多年，发表了一些相关研究成果，逐渐熟悉了这个领域的研究概况、发展态势、主流学者和学术活动，也得到了郑毓信教授、朱梧槚教授等著名学者的指点和帮助。在这个方向上更深层次的发展是前面提到的与徐利治教授合作开展的数学思维与数学方法论研究。徐利治教授在数学分析和组合数学领域是国内外数学界公认的权威学者，同时对数学哲学和数学方法论又有独到见解，这种情况在数学家中很少见。我最初接触他的机会是见到他关于"数学抽象度"研究的一篇文章，于是写了一篇分析评论文章"数学抽象度的哲学分析"[1]，后来发表在《哲学研究》上。他对此事很重视，于是我们相约在他参加一次学术会议时见面。此后我和徐老师多次畅谈，听取他的指导意见，同时也对他的数学哲学和数学方法论思想提出我的理解、评价和建议。我和徐老师合作撰写了《数学与思维》一书[2]，以及讨论数学无限性、数学直觉、数学哲学、数学史与数学教育的关系方面的论文。我一直认为，数学哲学研究成果如果得不到数学家的认可，是很难产生实际作用和社会影响的。与徐老师的交流与合作不仅可以保证对数学知识掌握的可靠性，增强数学界对数学哲学和数学方法论成果的理解、信任和重视，更重要的是能发现数学家如何运用哲学思维，以及数学界需要哲学工作者提供什么思想成果，这对于数学哲学研究具有导向性作用。

从专业发展规划角度看，我在数学哲学领域的研究具有交叉

---

[1] 王前:《数学抽象度的哲学分析》，《哲学研究》1985年第2期。
[2] 徐利治、王前:《数学与思维》，湖南教育出版社，1990年。

学科性质,徐老师的研究也具有交叉学科性质。很多学者都论证过交叉学科和跨学科研究更容易产出创新性成果,这也是很多专业学者转向跨学科领域的一个重要理由。在科技哲学研究领域中,很多有显著成就的学者原来都是理工科专业出身,他们的理工科基础在科技哲学这种交叉学科领域研究中发挥了关键作用。有人说他们的"改行"改得好。那么,什么情况下应该坚持"本行"?什么情况下应该"改行"?这里的关键一是从外部条件看是否存在新的学术发展机遇和空间,二是从内部条件看是否适合自身的知识基础和思维特点。现在很多研究生是跨专业考研的,他们觉得新领域更适合自己的学术兴趣和发展,于是超出原来领域开展交叉学科性质的新探索。此时要了解那些原来并不熟悉的新领域的状况,最好得到那个领域相关权威学者的指导,至少也要与内行学者合作,这样才能保证在涉及新领域时真正有所收获。

我在从事数学哲学研究的同时,也开始逐渐进入科学思想史、思维科学和中西文化比较等研究领域,开展了几年的并行研究。

我开始接触科学思想史的契机,是通过学界友人介绍结识了著名数学史家、中国科学院自然科学史研究所的郭书春研究员。他是《九章算术》研究方面享誉海内外的专家,一位学识渊博、治学严谨、待人热诚的学者。我和他初次见面是在1987年河南新乡举办的一次全国性数学哲学会议上,很快相互熟悉,成为无话不谈的忘年交朋友。我从他那里学习了科学史研究的学术范式,特别是注重文献考证的严谨学风,也在他帮助下参加了科学史界的一些学术活动,结识了其他科学史家,并逐渐将科学史研究和科学技术哲学研究结合起来,走向科技思想史领域,特别是探索中国科技思想史的特殊问题。科学史界著名的"李约瑟难题",问的是为什么中国古代技术相当发达,但近代科学却没有在中国产生?与这个问题相关的另一个问题是"中国古代究竟是否有科学?"研究中国科技史的大多数学者主张中国古代有广义的科学,但没有严格意义上的精确科学。至于中国古代科学思想,李约瑟是把与科学有关的哲学、文化、技术,甚至宗教观念都算作科学思想的范围内。他对中国古代科学思想的总结立足于古代思想文化和社会变迁的时代背景,有丰富的文献资料支持,又同西方文化传统进行比较,非常有启发性。不过我觉得他的观念体系还有未能反映中国古代科技思想全貌的地方,因为有些思想特征未能充分阐释,这就留下了进一步探讨的空间。这种看法的形成,与我在同一时期对思维科学和中西文化比较等领域的研究有关,这就是并行研究相得益彰的好处。

我对思维科学的兴趣形成于20世纪80年代后期。当时由于钱学森先生大力倡导,有很多学者致力于思维科学研究。从哲学研究角度,我比较关注中西思维方式的比较。当时我曾联络省内外学者集体编写了一本文集《中国人传统思维方式新探》[①],为此我专门去请哲学界泰斗张岱年先生作序,没想到竟然得到他的应允。在北京大学附近中关园小区里张先生家中,我第一次近距离感受大师的风度气质。他端坐在用得已经很长时间的藤椅上,穿着洗得有些发白的蓝制服,不太宽绰的书房里自下而上堆满了

[①] 苏才、武殿一主编《中国人传统思维方式新探》,辽宁教育出版社,1993。

书。他平和的口气中透露着达观与智慧,提及古代典籍中的段落随口如行云流水般道来,极具哲学家魅力。我在这本文集中写的文章是《"心"的思维断想》,这是我在中西思维方式比较研究方面的第一篇文章。

我对中国传统文化中"心"的理解与传统中国哲学史和西方思想界的理解都有所不同,这得益于当时思维科学研究的交叉学科氛围。当时很多学者讨论大脑左右半球承担的思维活动类型的差异。我把传统文化对"心"的理解与现代脑科学关于大脑右半球和边缘系统的思维功能联系起来,考察用"心"思维的本质特征及其生理学、心理学基础。我进而考察中国传统哲学范畴"象"和"术","心—象—术"构成了一个完整的认知模式。[①] 从这里又引申出很多进一步的研究线索。比如从"象"引申出对"取象比类"的思维方法的探讨,突出体现在中医领域。中医的"取象比类"思维方式与西医的循证分析方式有明显差别。我专门邀请辽宁中医药大学的刘庚祥教授一起来探讨这个问题。他是研究医史文献的专家,又对哲学和思维科学感兴趣,与我的知识结构和研究兴趣恰好互补。我们的合作既能够保证对中医理论知识和医史文献的准确把握,又能够符合哲学研究的需要。我们合作了一篇文章后来发表在《哲学研究》上。[②] 我又将对"取象比类"思维方式的研究拓展到中国古代科技活动的其他方面,在更为一般

[①] 王前:《"心—象—术"——中国传统思维的一条主线》,《辽宁大学学报》(社科)1995年第4期。
[②] 王前、刘庚祥:《从中医取"象"看中国传统抽象思维》,《哲学研究》1993年第4期。

的意义上讨论中国古代科学思维方式。① 在同一时期,我还注意将中国传统科学思维方式与西方科学思维方式进行对比,发表了一些相关成果。在 1998 年前后,我在沈阳师范大学任教时,教育系的邬大光教授要我帮忙给他的高等教育专业研究生开一门"中西文化比较"的课程。为了讲授这门课程,我整理了以往积累的研究成果和素材,编了一部自用讲义,以后几年一直给不同学校、不同专业的本科生和研究生讲课,不断增添新的材料和观点,内容逐渐丰富,直到 2005 年出版一部完整教材《中西文化比较概论》②。

对思维科学和中西文化比较等领域的研究反过来促进了我对中国科技思想史的深入认识。我尝试从宇宙论、认识论、方法论、模式论和技术论几方面理解中国古代科学思想的理论框架,写了一本小书《博大精深的科学思想》③,1995 年出版。多年之后,又与我的一位有着科学史专业训练的博士生金福合作,写了一本《中国技术思想史论》。④ 我对中国科技思想史的研究就聚焦在思维方式和文化背景上。我的并行研究虽然涉及几个领域的众多学术课题,其中不乏相当"热门"的话题,很可能使人眼花缭乱,心神不定,随波逐流。但人的精力和时间毕竟是有限的,研究方向和目标过于分散肯定会流于肤浅,很难获得高质量的学术成果。我的并行研究实际上关注的是这三个领域的交叉地带,即

---

① 王前:《中国传统科学中"取象比类"的实质和意义》,《自然科学史研究》1997 年第 4 期。
② 王前:《中西文化比较概论》,中国人民大学出版社,2005。
③ 王前:《博大精深的科学思想》,辽宁古籍出版社,1995。
④ 王前、金福:《中国技术思想史论》,科学出版社,2004。

中国传统科技思维方式研究，它是科技思想史研究中的"深层思想结构"，可以充分利用这三个领域的丰富思想资源，有很充分的研究纵深。

在1996年之后，我在数学哲学领域的投入越来越少。尽管翻译过一些有关数学思想方法的国外名著，但基本上不再研究数学哲学前沿领域的问题。主要原因是数学基础理论知识方面的储备还不足以研究更为深入的问题，特别是缺乏数理逻辑方面的系统训练。在科学思想史、思维科学、中西文化比较等领域，我也缺乏相应的系统训练，毕竟不是科技史、心理学、中国哲学、中国史和国学研究的专业出身，想深入研究有一定局限性。学术研究犹如开矿，可以挖掘的"矿藏"受制于学者自己的知识储备、研究能力、社会需求等条件，其总量是有限的。如果发现自己能开发的知识成果已经接近储量的边界时，就需要及时转向新的"矿区"。一辈子只守住一个领域或方向坚持到底是值得称道的，也许会作出骄人的业绩，但大多数学者需要审时度势，量力而行，及时调整自己的方向和目标。我在20世纪90年代就面临这方面问题。当时已经涉足了好几个研究领域，各有一些成果，但并不都能保持可持续发展。

我从1997年开始转向技术哲学研究领域，契机就是到陈昌曙教授指导下在职攻读博士学位。本来我年轻时有过下乡当"知青"、进厂当工人的亲身经历，对技术活动有一些亲身体验，所以在陈老师引导下进入技术哲学领域可以说顺理成章，有一种知情意相贯通的感觉。在陈老师指导下，我仔细思考过我在技术哲学研究领域应有的特色、基础和应用。我的博士学位论文是从中国传统文化变迁的角度思考技术现代化中的哲学问题,这实际上是在科技思想史、思维科学和中西文化比较方面研究的进一步延伸。20世纪90年代后期到21世纪前十年,正是高新技术蓬勃兴起和得到广泛应用的时期,常规工程技术应用中也出现了质量、风险、环境等方面的突出问题,因而对技术哲学的社会需求迅速增长,技术哲学工作者需要在分析解释各种现实问题方面发挥作用。在这种情况下,我把主要精力投入技术哲学这一新领域,逐渐形成了自己的特定视角和观念体系。这里有一个选择逻辑起点的问题,我选择了中国传统哲学中的一个根本性范畴——"道"。在由博士学位论文扩充形成的专著《技术现代化的文化制约》①一书中,已经涉及"道"这个范畴,是从"道"与"术"的关系角度展开讨论的。当时对"道"的理解基本上还是从常规的伦理道德角度出发的。到了2002年,我逐渐意识到"道"这个范畴可能具有技术哲学上的特殊意义,"道"和"程序"可能有某种内在联系。有一次我同在中国科学思想史研究方面功力深厚的郭金彬教授谈这个想法,他的眼神一亮,觉得很有意思,我从中获得了一种灵感和激励。2004年出版的《中国技术思想史论》中,就初步建构了一个以"道""技"关系为基础的中国技术思想观念体系,包括"道进乎技""顺应自然""经世致用""以道驭术""以人为本""悟性思维""制器尚象""有机管理""兼收并蓄"等九个方面。这本书主要是从中国技术思想史角度梳理技术哲学观念,注重史料的分析整理,未能深入涉及与国外技术哲学派别的比较研究。2005年底,我在《哲学研究》杂志上发表"由技至道——中国传统的技

---

① 王前:《技术现代化的文化制约》,东北大学出版社,2002。

术哲学理念"一文,在探索中国文化背景的技术哲学方向上迈出了关键一步。在 2006 年获得国家社会科学基金项目资助后,我便确定了比较全面地探索中国文化背景的技术哲学的目标。这种探索需要立足于与国外技术哲学派别的比较研究,需要理论上的系统建构,提出一个符合技术哲学界通行研究范式的观念体系。经过几年的努力,到了 2009 年,终于完成了《"道""技"之间——中国文化背景的技术哲学》①一书。我在该书的"后记"中写道:"我愿将此书献给我的导师陈昌曙教授,作为他一生倡导的技术哲学研究的一项新成果,回报他曾经的期望和鼓励。"

适时转换主攻方向和目标的下一步,是由技术哲学研究领域转向科技伦理研究领域。2003 年我刚调入大连理工大学不久,正在刘则渊教授引领下和同事们一起为申报科技哲学博士点而努力。当时国内科技伦理研究刚刚兴起,很多学者表现出浓厚兴趣,相关学术成果日渐增多。我在此之前曾有过一些学术积累,1992 年发表过一篇文章《在科学教育中进行德育》②。在选择科技伦理领域研究的特色方面,我延续了技术哲学领域的研究思路,注重科技伦理研究与应用的中国文化背景和特色,为此用了很多精力系统梳理中国科技伦理思想和实践的相关史料,完成了一本《中国科技伦理史纲》③。在科技伦理领域研究的应用方面,由于这一领域范围很广,发展迅速,课题很多,需要选择自己有把握、具有可行性的具体目标,争取尽快实现。我和我的同事、学生们合作推进的主要工作,一是开设科技伦理课程,不仅面向本校

---

① 王前:《"道""技"之间——中国文化背景的技术哲学》,人民出版社,2009。
② 王前:《在科学教育中进行德育》,《教育研究》1992 年第 8 期。
③ 王前:《中国科技伦理史纲》,人民出版社,2006。

的理工科学生开设通识类选修课,而且拍摄网络视频公开课在"网易""爱课程"等网站上线。2013年我主讲的"科学技术与工程伦理"获批第四批国家级精品视频公开课。另一个应用目标是将科技伦理应用于现实的技术创新活动,包括到企业调研,总结大连港"事故池"工程负责任创新的成功经验和大连高新技术开发区几家企业的负责任创新典型案例,并且与国内同行合作总结分析北京、南京、沈阳、杭州地负责任创新典型案例,汇编到《负责任创新的理论与实践》①一书中。第三个应用目标是开展我国青年科技人员科技伦理意识状况调查②、讨论工程伦理的实践有效性③,为开展科技伦理教育和科技伦理治理提供基础,并向有关部门提出开展科技伦理教育的咨政建议。第四个应用目标,就是探讨当代高新技术前沿的伦理问题,如纳米伦理、机器伦理、基因编辑伦理、人类增强伦理等。第五个应用目标是探讨科技伦理教育,主编《科技伦理意识养成研究》一书④,并且在国际科技伦理期刊上介绍我国理工科重点大学的科技伦理教育状况和特色⑤。通过这些方面的努力,我所在的大连理工大学科技伦理研究团队逐渐形成研究特色,取得了一系列创新性成果。

从数学哲学、科学思想史等方向转向技术哲学和科技伦理方向,跨度应该说是较大的,需要下很大的决心,投入很大的精力,

---

① 王前、菲利普·布瑞主编《负责任创新的理论与实践》,科学出版社,2019。
② 王前、杨中楷、郭驰:《高校理工科学生科技伦理意识的问题与对策》,《科学学研究》2017年第7期。
③ 王前、朱勤:《工程伦理的实践有效性研究》,科学出版社,2015。
④ 王前等:《科技伦理意识养成研究》,人民出版社,2012。
⑤ Wang Qian and Yan Ping,"Development of Ethics Education in Science and Technology in Technical Universities in China," *Science and Engineering Ethics*,2019,11。

但后来的结果证明这种转向是必要的，也是及时的。我现在仍然很钦佩在数学哲学、科学思想史等方向继续耕耘的学者们。我的转向并不是因为这些方向不再重要，或不再有很大的社会影响力，而是因为我个人的知识基础和思维特点决定了我在这些方向上很难保证可持续发展，所以需要调整到更适合发挥我的长处的方向和目标上去。我不赞同简单地追逐学术热点，但在选择学术方向和目标时也需要考虑社会需求和可能得到的支持。

在经过几十年学术生涯的积累之后，我逐渐意识到需要做一些总结性的工作，这大概是很多学者年岁大了之后普遍遇到的问题。作为一名哲学工作者，总结性的工作意味着进行相对抽象的原理性的概括，意味着一种观念体系的构建，这就要回到相对而言更加"形而上"的层面。我从2012年开始着手这项工作，这就是开拓机体哲学研究。我有一个习惯，就是每当准备开拓一个新的方向和目标的时候，先向相关领域学术前辈和同行专家汇报自己的基本观点、思路和设想，征求他们的意见，有足够把握再下决心。在开拓机体哲学研究方向的初期，曾经专门就我的基本思路和方法征求过一些学术前辈和同行朋友的意见。前面提到，我曾找机会向中国社科院哲学研究所朱葆伟研究员详细谈了在机体哲学研究方向上的基本观点和思路，请他来评价一下在学理上是否站得住脚，继续钻研下去是否能走得通。由于我对机体哲学的探索具有中国传统文化背景，我在一次去武汉参加学术会议期间特意拜访武汉大学哲学学院的郭齐勇教授，向他请教探索具有中国文化特色的机体哲学思想观念是否具有可行性和可能性，学术发展的前景如何。我还曾就这个问题请教过其他学界前辈和同行朋友。在得到他们的赞许、鼓励和指点之后，我才放心大胆地进入机体哲学这个新的学术领域。

在写作《中西文化比较概论》时,我还在将"机体"和"机器"作为中西文化思维模式对立差异的代表;在写作《"道""技"之间——中国文化背景的技术哲学》时,强调传统技术体系的有机特性。但那个时候还是从通常意义上理解"有机体""有机联系"和"有机特性",只是强调不同事物或同一事物不同部分之间相互联系、相互渗透、相互影响、相互转化。2013 年,我在《哲学分析》上发表"关于'机'的哲学思考"一文[1],提出应该从一个新的角度看待"机"这个范畴,因为"机"的繁体字"機"来自"幾",本意是两个小孩子把守城门,表示一种危险征兆,引申为事物发展初期的苗头,及时抓住苗头就可以转危为安。"機"的本意是弩箭上的控制开关,其基本特征在于"以较小投入获得显著效益",这和"机会""机巧""灵机一动"等词语的含义是一致的。[2] 如果这样来理解"有机体""有机联系"和"有机特性",那么"机体"和"机器"的对立是可以消除的,"机器"以及其他的人工物系统都可以视为"人工机体",而社会组织可以视为"社会机体",人们的思想观念体系可以视为"精神机体"。如果再加上人类自身的"生命机体",就可以耦合成完整的人类社会。这种理解同现代西方哲学家怀特海、汉斯·尤纳斯、巴姆等人的机体哲学都不相同,具有中国文化特色。我在这个方向上逐渐发表了一些研究成果,包括分析机体哲学研究的当代价值[3]、从机体哲学视角研究"中国道路"[4]、解读当

---

[1] 王前:《关于"机"的哲学思考》,《哲学分析》2013 年第 5 期。
[2] 王前:《生机的意蕴——中国文化背景的机体哲学》,人民出版社,2017,第 2-3 页。
[3] 王前:《机体哲学研究的当代价值》,《光明日报》理论版 2013 年第 8 期。
[4] 王前:《从机体分析视角研究"中国道路"》,《中国社会科学报》2014 年第 8 期。

代中国发展理念①,还专门发了一篇讨论"机"这个范畴本身的文章。② 这些短文都是在《光明日报》《中国社会科学报》等有影响的报纸理论版上发表的,也是学界的一种认可。这种"投石问路"的尝试增强了我的信心,我将对"机"的理解同以前对"心""道""和"的理解联系起来,逐渐构建了一个从本体论到认识论、方法论、价值论和伦理学的机体哲学观念体系,在2017年出版了《生机的意蕴——中国文化背景的机体哲学》一书。这本书整合了以往不同研究方向的思想资源,为进一步的理论综合与实际应用打下了基础。在这个过程中,我发现原来被视为对立两极的一些概念范畴逐渐有了相互贯通的可能,不仅发现了"机体"和"机器"的内在联系,还发现了"实体"与"关系"、结构与功能、逻辑与直觉、事实与价值等范畴的内在联系,有一种豁然开朗的感觉。从这一视角再来看西方和中国机体哲学演变历程、现代西方哲学中现象学、解释学、认知哲学、隐喻理论等方面的观点和方法,也有一些新的体会。哲学的理论创新往往来自研究视角的转变,立足于新的理论视角才能够看到以往很难发现的事物之间的本质联系。

在初步建构了以"生机"为逻辑起点的机体哲学观念体系之后,我在与其他学者合作和指导博士生写作论文的过程中,尝试将这种机体哲学观念和方法运用于分析现实生活中相关领域的实际问题,指出问题成因,提出相关解决途径和对策。我与合作者从机体哲学视角讨论了人工物的机体特征、人机关系、现代日本环境思想、食品安全问题、技术人工物使用寿命等方面问题。

---

① 王前:《当代中国发展理念的机体哲学解读》,《光明日报》2016年第2期。
② 王前:《"有机"的"机"意味着什么?》,《世界文化论坛》2015年第71期。

通过分析这些实际问题,也回过头来寻找初步建立的机体哲学观念体系的不完善之处,引出值得更深入探究的问题。机体哲学研究领域的开拓既是整合以往不同方向的思想资源的结果,也是整合新的思想资源的开始。这方面的研究工作至今仍然在继续。现实问题总是层出不穷的,这就使从理论探索到实际应用的通道在不断延伸。

对以往不同方向的思想资源的整合,应该带来新的学术方向,形成新的学术生长点,这样的整合才是更有意义的。我在初步形成以"生机"为逻辑起点的机体哲学框架体系之后,发现有些观点如果置于新的学术争论背景上,可能呈现新的意义和价值。我对"用心"思考的哲学意义思考了很多年,曾经觉得已经想得很清楚了,但后来发现还有不少问题值得深入探究,比如人工智能时代是否需要"用心"和人工智能本身是否会"用心"的问题[1][2]、全球化背景下的涉"心"认知的问题[3],进而可以思考中西两种认知模式的比较[4]、人工智能对人类智能的影响[5],等等。在以往讨论"心""象""术""道""机""和"这些范畴的现代意义的基础上,我觉得思路可以再开拓一步,在一般意义上思考这些中国传统文化

---

[1] 王前、曹昕怡:《人工智能时代"用心"思考的价值》,《大连理工大学学报》(社科)2019年第4期。

[2] 王前、张媛媛:《人工智能将来会"用心"思考吗?》,《自然辩证法通讯》2020年第6期。

[3] 王前:《全球化背景下的涉"心"认知——形态演变和重要价值》,《哲学分析》2020年第4期。

[4] 王前:《"理性之光"与"体验之网"——两种认知模式的比较》,《自然辩证法通讯》2018年第12期。

[5] 曹昕怡、王前:《人工智能对人类思维能力的双重影响》,《长沙理工大学学报》(社科)2021年第3期。

基本范畴的本义和演变过程，于是又对一些以往没有深入思考的范畴如"生""情""意""理""实""器""德"等进行类似的探究，进而总结了这些古老的传统范畴实现创造性转化的基本路径，形成了《古韵新声——中国传统范畴的现代诠释》一书。①

从我的这些亲身经历中，能够反映出选择专业发展方向和目标的带有某些规律性的认识。一是要积极探索，因为方向和目标是否适合自己要通过实践才能最终确定，事先的估计常常不准，别人的建议只能做参考，最终要自己拿主意。二是要不断反思，要看已有的方向是否保持着生机和活力，是否能够持续产出新成果。如果发现自己的思路越来越狭窄，思想资源日益枯竭，就需要及时调整。我看过有些学者年轻时和中年时成果很丰硕，老年时也有一定成果，参加一些学术活动，但到了一定年龄后就不再做学术研究了，完全与过去的专业方向告别。每当看到这种情形，总觉得惋惜。一个人的学术生涯总是有限的，总有不可能再做学术研究的时候，但我觉得及时调整学术方向和目标，量力而行，做力所能及的事情，还是有可能将自己的学术生涯尽可能延长的。我多年来一直坚持每年要独自完成和发表一定数量的学术成果，以此鞭策自己不断保持学术研究的能力和动力。这也是"学术养生"的一个重要方面。学者的学术生命应该与自然生命融为一体，相互激励。

（二）如何利用时间资源？

在学业和事业发展过程中，可以明显看到学者发展程度的分

---

① 王前：《古韵新声——中国传统范畴的现代诠释》，科学出版社，2021。

化。在同样的时间里,有着同样或类似的学习经历,在同一个单位工作,甚至研究同一个领域的问题,结果有着明显差异。除了其他方面的因素,时间的利用方式和效率往往起决定性作用。当然,由于某些先天优势和幸运经历,个别学者可能过得很闲适,每天除了必要的工作之外,有很多时间可以游玩、娱乐、交友、聚会,活得轻松自在。这些人或许可以不费气力就有很可观的业绩。但在绝大多数情况下,如果不善于利用有限的时间资源,在学术上是不可能遥遥领先的。我常常想,那些非常闲适的学者生活图景有不少也可能是"剪辑"出来的,他们背后的时间利用往往有着另一种模式。学术发展中不付出辛苦是不可能有收获的。人与人之间有一件事情绝对平等,就是拥有同样的时间。如果一个人想在同样的时间里取得不一样的进步,一是要善于计划,二是要提高效率,三是要分秒必争。这里既有理性的选择,也有对意志的考验。

人们常说"计划没有变化快",用来表示迅速变化的社会生活对一个人学习和工作计划的冲击。尽管如此,学业和事业还是要有计划,而且是适应变化不断调整的计划。学术事业发展的计划不同于普通的学习计划、工作计划、生活计划,因为学术研究有很多自主成分,可以由学者自己根据目标和需要自由安排,计划好了有利于个人发展,计划不好或没有计划也可能明显误事,甚至很难有什么成果。但这是需要通过一个较长时期才能看出来的,如果只局限在当下很短时间内看问题,有没有计划似乎不会带来什么明显影响。不少研究生不喜欢给自己制订严格的计划,觉得过于受束缚,最好得过且过,快乐生活每一天。可是从长远发展考虑,在最适合打基础和积累学术成果的时候放松自己,很难将来在学术上有所作为。

我多年来有一个习惯,就是不断在做学术计划。不仅要做学术发展的规划,确定研究方向、主题、进度表,还要思考每一年、每个月,甚至每天需要做什么,这几乎成为一种癖好,未必适合其他人。我每天晚上都会把一天做的与学术有关的主要事情简单记下来,包括写作内容、投稿和发表、学术交流、阅读、评审、与学生交流等事项,每个月结束时回过头总结一下,检查自己的计划执行和完成情况。《论语》上讲"吾日三省吾身",一般人做不到,但隔一段时间反思一下总还是必要的。这种反思能提供一个对自己学术发展状况的整体的、全局的、体验性的把握,及时发现问题,有效避免顾此失彼或误入歧途。

如果给自己制订的计划总是完不成怎么办?倘若不是因为自己松懈拖沓造成的,那就是因为计划本身不合理,需要及时调整。开始制订计划时可能存在对自己和外部形势的误判,目标制订太高,或缺乏现实的可操作的实现路径。我以前也给自己制订过一些不切实际的目标和计划,一旦发现不合适就及时改过来。刚刚开始学术生涯的研究生在制订计划的时候,既不能眼高手低,也不能妄自菲薄。我曾建议一些基础较好的年轻学者在制订计划的时候,既要确定争取在本学科领域作出一流研究工作的奋斗目标,又要从近期能"够得着"的事情做起。在没有足够把握的时候,一开始就计划一定要在某个权威期刊上发表文章,在国家级出版社出书,一旦实现不了就垂头丧气,显然是不可取的。可是满足于"小打小闹",虽然计划很快就能完成,但进步速度太慢,也会影响年轻学者的成长。最适合自己的计划是实行起来力所能及，能够感受到切实进步的计划。

　　学术发展生涯中的有些事情，是需要通过计划才能安排专门时间进行的。首先是阅读一些经典著作和新出版的重要著作，这是补充思想资源的基础性工作，但通常不是研究生课程设置和年轻学者工作内容中的强制要求，而是需要自己主动安排时间，如果这种事情没有全面计划，则很可能会被各种事务性工作排挤掉。特别是读一些大部头著作，每天都要挤出一定时间阅读，必须通过周密计划加以保证。其次是自主安排一些涉及学术研究大方向和创新性较强的专题研究，必须通过计划留出足够的时间。每个学者都应该有适合自身特点的学术方向和原创性研究，这不是各类基金项目、招标项目、特约项目等外在计划项目能充分考虑到的，"量身定制"拿到科研项目的情况极少能碰到。我的一些具有一定特色的自主研究成果，都是有了一个思想萌芽之后，持续投入专门时间逐渐发展起来的，或者说是"计划"出来的。学术生涯中还有一项工作也需要通过制订计划来保证，这就是前面提到的主动、自觉地查阅浏览本学科领域的前沿文献，大致了解学科前沿的主要探究课题和代表性学者的工作，对学术进展形成宏观的、战略性的把握。这不仅有利于自己选择研究方向，也有利于引导研究生和年轻学者跟踪学科前沿，找到适合自身特点的学术突破口。

　　如果由于一些外部原因不得不改变计划，可能给研究生带来不少烦恼和压力，特别是在很难辨别应该坚持到底还是应该明智更改的时候。我在学术生涯中就多次遇到这种情况，我也见过不少研究生和年轻学者面临这种两难境地。我的体会是，只要有可能,尽量坚持计划。今天来不及做的事情,明后天一定想办法补上,这样才能体现出计划的作用。可是如果采用各种办法消除干扰却始终不奏效,如果面临的困难接近或超出了力所能及消解的范围,就需要考虑及时变更计划。人们常说"有志者事竟成",但有些时候还要承认并不是想到就一定能做到。要想在有限的时间里取得学术上较快的进步,关键因素在于提高工作效率,即单位时间内有尽可能多的产出。从时间利用的角度看,提高效率可以从以下几个方面尝试。

其一,在不同的时间段里做适合的学术活动。一个学者总可以找到某些相对安静、无人打扰、可以聚精会神思考的时间段,此时最适合从事原创性很强的研究,可以进行高质量的写作,最能发挥自己思维和写作能力的研究成果都是在这样的时间段作出的。有些学者要在夜深人静的时候写作,或者寻找偏僻的角落写作,主要是这个原因。然而现实生活中很难找到这样的时间段,年轻学者更不容易,所以需要特别珍惜。很多时候有杂事缠身,思绪很难完全静下来,此时可以从事一些相对来说比较具体的、程序化的学术活动,比如阅读、查文献、搞讲座、修改文稿等等。还有些时候完全被事务性活动绑定,不具备读书写作的基本条件,只有少量间歇时间可以留给自己想问题,也不妨进行思考和构思写作框架。宋代欧阳修有"三上文章"之说,即构思文章都在"马上、枕上、厕上",不少学者也会想各种办法把时间利用到这种程度。

其二,尽可能避免重复性劳动。俗语说"好记性不如烂笔头",养成随时记录关键信息可以避免大量重复性劳动。特别是学术思考出现灵感的时候，如果不及时记下，事后很容易忘掉。这就是苏东坡所说的"作诗火急追亡逋，清景一失后难摹"。我多年来形成一个习惯，凡是产生灵感，或发现重要文献线索，一定马上记在一个专门的本子上，我的一些研究线索就是从这里形成的，有几本哲学随笔著作也是以此为基础完成的。如果脑子里只留下一个模糊印象，再想利用最初的思路和相关文献，就需要重新费力回忆或撒开大网去查找，效率肯定很低。

其三，在有效利用有限的时间资源方面，通过协作实现优化是一条不可忽视的途径。个人的能力终归有限，再努力也不可能超出生理和心理能承受的范围，而优化的协作可以提高学术研究的效率。比如在从事跨学科性质的研究活动中，需要补充学习自己原来不熟悉的外专业理论知识，这时最有效的方法是邀请外专业领域的专家来合作。这不仅有助于保证对新领域专业知识理解的准确性、可靠性，也有助于提高学习和研究效率。在有限的时间内，在一个新领域里要较快掌握相关理论知识，应该读什么书和重要期刊文章、如何抓住重点、如何准确理解新领域的基本原理和专业术语，都需要向新领域的相关专家请教，在选择最优学习和研究路径上得到"高人"指点。将有限时间用于阅读一个新领域里最有代表性、最权威、最可靠的文献，尽快把握最新研究进展，显然最符合"思维经济"原则。如果自己埋头"补课"，想凭借自己短时间的初步理解就在交叉学科研究课题上发表议论，很有可能说"外行"话，做无用功，荒废了自己的宝贵时间。

通过团队合作开展大课题或跨学科研究，在提高时间利用效率上能够显露更多优势，体现专业分工工作的必要性与合理性。

特别是团队中不同类型的学者扬长避短,擅长理论分析建模的学者与擅长实证研究的学者相互配合,能够明显加快研究进度。很多研究生和年轻学者都是在团队协作的氛围中成长起来的,这是难得的学习机会。我写作的第一本小书《假说与理论》是辽宁社会科学院张卓民研究员主持编写《科学方法论丛书》中的一本。尽管不到十万字,但这是我第一次单独著书。写作此书从设计框架结构、选择素材、加工润色、整体协调修改,都得到了张老师和团队中其他老师的悉心指导,所以很快就完成出版了。此后我的不少成果都是通过团队合作方式完成的。

其四,在学术合作中探索省时省力的工作方法和活动程序,也有可能显著提高时间的利用效率。记得2010年在美国参加一个"工程技术哲学论坛",当时会议决定出一本由美国、欧洲和中国学者共同参与的文集,文集要分为几个不同主题的"板块",涵盖来自不同国家的学者提交的论文。我当时想如果按照"学院派"的惯常做法,主编要根据论文内容设计文集结构框架,然后分别征求作者意见,反复论证、协商和修改,要用一周以上时间。而美国学者当场在会议室黑板上划出几个区域,分别贴上不同主题的纸条,然后让每位作者把自己论文题目写在一张纸片上,再分别贴到自己认为合适的区域内,前后不到三分钟就把这个问题解决了。我由此领略了美国学者高度注重效率的实用主义精神是怎么回事。其实,很多学术活动的组织安排都有采用巧妙方法提高效率的地方,值得揣摩和学习。在更为一般的意义上,对学术研究方法论问题的思考在客观上都有提高时间利用效率的功能。方法论对头可能事半功倍,而忽略方法论势必事倍功半。

我所从事的人文社会科学研究活动看起来并没有很明显的时间节奏,可能很多人认为没必要活得很紧张。如果说我主张要能过一种"分秒必争"的学者生活,也许很多人认为过于夸张,事情至于如此吗?当然,人文社会科学研究不像理工科研究那样快节奏,但在时间利用上更应该抓紧。只有分秒必争去"抢时间",在别人休闲娱乐的时候你去抓紧学习和工作,在别人宽松自在的时候你严格约束自己,才有可能进步得更快一些。这当然意味着要吃更多的苦,而学者们可以"苦中作乐",体验到收获和成就感,这应该成为学者生活不可缺少的一部分。

我养成"抢时间"读书、思考、写作的习惯,其实是从下乡当"知青"的时候就开始的,当时干农活很辛苦,空闲时间不多,而且在"青年点"里是集体生活,在一个大房间里住通铺,一起吃饭、洗漱、闲聊,不可能给谁一个单独的学习空间。如果想找读书和写作的时间,只能是"见缝插针",而且要习惯周围的嘈杂,做到"视而不见,听而不闻"。后来回城到工厂工作,要"三班倒",时间相对宽裕一些,但也必须压缩日常休息、逛街、交友的时间。由于我整天迷恋读书写作,周围的人觉得这样利用时间看上去很不正常。好心的亲友劝我母亲做做我的"思想工作",哪怕学一个木匠、瓦匠手艺,总还是谋生的一技之长,把时间用在读一些莫名其妙的书上纯粹是浪费时间,可是我仍然乐此不疲。

在时间的利用方面,其实更大的考验是在有了更多自主支配时间的情况下,还能不能继续"抢时间"。我在1979年开始读研究生之后就面临这种情况。当周围许多同学开始过上相对比较舒适的校园生活,还有必要"分秒必争"吗?这样活得不累吗?

"抢时间"当然是在自找苦吃,没人逼迫你这样做。然而心中如果有了学术上的追求目标,那就只能选择这种"活法"。正因为这样,我才有可能在和其他人同样的时间里多做些事情,多出些成果。记得我在辽宁教育学院工作期间,由于当时孩子小,白天工作忙,我只好经常"开夜车",在万籁俱静的时候写作。其实当时工作单位并没有什么任务需要这样做,这完全是我个人的学术追求使然。我的这些做法在很多人眼中可能有些偏执,或许很多人不这样做也能取得成功。每个人的具体情况不同,但有些共性的问题还是值得反思的。

其一,对学者来说,必须把时间看成是一种可贵的资源。在一个人的学术生涯中,遇到好老师和好的学术合作伙伴、有好的工作条件、获取了难得的学术资料、参加重要学术交流活动,都可能成为促进学术进步的可贵资源,而时间这种看似平淡无奇的因素怎么能成为可贵资源呢?实际上,对学者来说,上面说的那些因素都是外在资源,并不是完全由自己说了算的,而且外在资源要通过内在的努力才能充分发挥作用。可是时间因素是内在的资源,是自己可直接调控的,人与人之间在时间利用效率上有明显差别。学术研究往往是学者独立开展或少数几个人合作进行的事业,并不靠金融资本、生产资料、社会关系,所以在利用资源的效果差异上主要集中在时间因素上。人们经常讲某某学者很勤奋、很刻苦、很自律,严格要求自己,大都是指在利用时间上特别抓紧,争分夺秒。华罗庚特别强调"时间是由分秒积成的。善于利用零星时间的人,才有可能作出更大的成绩来"。人们在谈论一些著名学者的勤奋、刻苦的事迹时,往往将其归结为毅力、意志、决心等心理因素,容易忽略他们在利用时间、提高效率方面的努力。而真正想成为学者的人必须意识到仅靠吃苦耐劳的心理品质是不够用的,只有将时间资源调动起来才可能在学术生涯中行稳致远。

其二,"争分夺秒"只是一种活法,靠功利心是支撑不了多久的。学术生涯中争分夺秒提高时间利用效率,并不是每时每刻都会带来明确回报。如果按照功利标准,"争分夺秒"并不总是必要的,而且往往可以用其他方式和手段代替。我曾经接触过一些学者,他们在学术生涯刚起步时确实能做到争分夺秒,但当有了一定进步或成就时就逐渐松懈下来。如果达到了一定的台阶,比如当上了教授,得到了一些荣誉称号,或者说"功成名就"之后,就不再"争分夺秒",而是活得很轻松自在。我觉得检验一个人是否真正的学者,最主要的标准是看其在没有任何功利回报的情况下是否还在认真做学问,比如在完全退休之后,在获得所有可能的荣誉之后,甚至是在完全处于社会边缘化的时候,如果还在争分夺秒地从事学术研究,还在进行学术思考和写作,那才是真正的学者应有的境界。在没有功利心支撑的情况下仍然能够保持争分夺秒搞学术的劲头,最终只能归结为学者特有的一种生活方式,而这是人类精神生活发展中不可缺少的因素。

其三,当"争分夺秒"成为一种习惯之后,有助于在学术道路上走得更长久。

我体会当"争分夺秒"成为一种习惯之后大概是这样一种感觉:如果你闲下来不做学术研究,即使给你非常舒适的物质生活,你仍然会觉得空虚、难受;如果你把本来可以用来搞学术的时间用到了休闲娱乐的事情上,你会觉得可惜、自责;如果你没有抓紧时间,使自己处于松弛、懒散的状态,没有"出活",你会觉得这一段时间过得没价值,必须改变这种状况。如果你"争分夺秒"已经"抢"出了一些可以自己支配用于学术发展的时间,哪怕只有半个小时,你会觉得自己赢得了一些可贵的资源,有一种满足感、轻松感和成就感,觉得自己的主动权在增长。"争分夺秒"成为你潜意识中的规则,驱动和监督你最大效率地利用好时间,并且不断同影响时间利用效率的各种内在和外在因素进行抗争。对于并非学者或还没有成为学者的年轻人来说,这样一种心理状态是很难接受的,甚至觉得有些可怕。可是要想成为学者并有所成就,应该理解并逐渐习惯这种状态。现在社会上在宣传学者形象时,不少人关注其学术成就、社会声望、儒雅风度,很少关注这种争分夺秒的职业习惯,很可能是年轻人羡慕学者的职业但没有吃苦耐劳的思想准备。这恰如人们谈论演员"台上一分钟,台下十年功",光鲜亮丽的形象背后是需要长年累月积淀的。

(三)如何进行自我评价?

在学术事业发展的过程中,如何进行准确、合理、全面的自我评价,也是决定学业和事业发展的一个关键因素。自我评价要考虑主观因素和客观标准。如果自我感觉过于良好,自我评价超出个人实际能力和社会影响力,不仅会影响学缘关系的健康发展,也会影响对学术事业发展目标和战略的合理选择。然而如果自我评价过低,妄自菲薄,随波逐流,也可能导致学术事业进展迟缓,甚至一事无成。

在自我评价方面,我坚持两条准则。一条准则是需要在自信与反思之间找到恰当的平衡。学术事业发展需要很强的自信心，坚信自己的学术追求是正确的，但这不是盲目自信，要通过具体实践时时验证自己的方向和方法的可靠性，这就需要不断反思。反思包含自我怀疑的成分，要意识到自己不可能绝对正确，需要不断调整。如果发现自己的方法不对头，选择的方向错了，就要及时改过来，而且越快越好。我开始自学生涯时相当自信，坚信学知识、做学问是正道，对国家、对社会总会有用，在这方面投入时间和精力值得。当年自学高等数学、哲学和外语确实都没有白学，都是后来学术发展的坚实基础。但在后来的学术发展中，也发现自己的有些想法不正确、不成熟，有些目标不具备实现的可能性。如果把自信心用在这些地方，只能在错误的道路上越走越远。

想在自信与反思之间找到恰当平衡并不容易。凡是从事需要有主见的工作，尤其是从事探索性、创造性的工作，自信心都非常重要，在没有足够理由否定自己的主意的时候，犹豫不决和摇摆不定都会误事。自信心还能够帮助人们克服前进道路上的阻碍，坚持到底才可能把事情办成。过于怀疑自己的能力肯定走不远，难以克服前进道路上的困难和阻力；可是过于相信自己的能力很容易"跑偏"，误入歧途却浑然不觉。要避免自信心过强，就需要培养极为冷静的自我审视能力，仔细审度自己的研究工作是否真的具备取得重大突破的可能性。不过，即使事后发现当初的努力目标选择不当，但在这个过程中积累了相关的知识基础。在调整了努力方向和目标之后，原来的知识基础又可能成为实现新的方向和目标的思想资源。这里的关键在于适时调整方向和目标。

进行自我评价的另一条准则,是在借鉴和创新之间找到恰当的平衡。每个人的学习方法都不是完全独创的,都需要借鉴他人的学习方法、研究方法、参加学术活动的方法,借鉴好了会事半功倍。我在学术事业发展过程中很注意留心观察前人和身边的人在方法论上的高明之处,能够学到的就抓紧去学。如果自我评价过高,特别是有了一定主见和学术成就之后,可能更喜欢自己创新而不愿意向他人学习借鉴。如果看不到别人的长处,就可能刚愎自用,听不得不同意见,甚至误入歧途而毫不自知。可是如果对自己评价过低,凡事都愿意借鉴模仿,也可能限制了自己的创新能力,在学术发展中形不成特色。在借鉴和创新之间找到恰当的平衡,也有助于调整自我评价中过高和过低的倾向。

自我评价还需要考虑学术评价的客观因素,即他人、团队和整个学术界对本人的评价。很多人在学术上自我评价的根据,是看自己的学术成果发表的层次、评论情况、转载效果、奖励等级、荣誉称号、媒体宣传以至于在学术团体中的任职等级。这在很大程度上是用客观标准取代或支撑自我评价。这样做肯定有很大程度的合理性,但也不能绝对化,更不能单纯为了追求这些客观标准影响自己学术事业健康、全面的发展。从因果关系上看,自己的真才实学是学术事业的根本,而学术成果的社会评价是体现学以致用成效的标志性活动。积极的社会评价会影响学者的晋级和工作环境的改善。很多研究生都是通过学术研究的社会评价了解导师和学界前辈的,学术界也是通过学术研究的社会评价来了解研究生和年轻学者成长的。学术研究的社会评价与学者的真才实学不能绝对等同起来,但绝大多数情况下还是密切相关的,而且时间的考验会逐渐接近二者的一致性。对于年轻学者来说,既要看重学术研究的社会评价,又不能迷信学术研究的社会评价,更不能为了追求好的社会评价而投机。

在自我评价方面还需要注意的是,不要以为可以单凭一个学者发表成果的数量就对其作出准确的学术评价,"多多益善"的标准不适合简单套用在学术研究的社会评价上。如果学术成果中"水分"很多,质量参差不齐,成果过多反而可能更引起学术界怀疑。记得很多年以前听说有个中青年学者非常"高产",每年发表的论文有一百多篇,平均大约两天一篇。陈昌曙老师听到后马上问了一句:"他有多少时间读书?"如果一个学者不停地写作,根本没时间读书,他写出的东西怎么能保证质量?当一个人发表的学术成果已经远远超出人的正常生理和心理承受的极限时,很难避免学术不端的嫌疑。研究生和年轻学者们不能把精力和时间用在片面追求社会评价指标的事情上。这方面的投机或许一时获利,但从长远来看是得不偿失,学术形象上的损失是难以弥补的。

至于学术成果的奖励,能够在很大程度上反映学术研究的水平和社会影响,但也不能与学者自身水平和学术成果的质量完全等同起来,因为各种奖励都涉及评审标准和评委的主观判断,还有一些其他相关因素,所以奖励等级与成果学术水平之间不是简单的线性关系。我赞同研究生和年轻学者认真对待和积极参与各种学术奖励活动,但不主张简单效仿获奖成果的选题方向、研究思路和团队构成等特征。

作为在学术事业上自我评价的一个相关问题,是如何看待学术界一些"偶像"崇拜现象,因为这涉及以后将自己塑造成什么样的人的问题。被称为"著名学者""权威专家""学界泰斗"的学者大都是经过学术界和社会上长期的选择和评价逐渐形成的,是社会建构的结果。很多研究生和年轻学者崇拜著名学者,但是不必刻意效仿这些学者的表述风格、写作习惯、行为特征。著名学者的表述风格、写作习惯、行为特征有一些是合理的,有一些属于个人偏好,与其学术成就之间没有必然联系,简单效仿这些东西并不会使自己变成著名学者。如果生硬模仿,就好比一个幼童模仿某些大官僚的派头走路一样滑稽。我在修改研究生的论文时,每当看到有些学生在模仿当下流行的某些著名学者的表述风格时,只能一边苦笑一边删改,这其实是很令人烦恼的事情。

学术成果的转载、评论、引用大都能够反映出学术界相对客观的评价,当然不能排除个别溢美之词和夸大宣传。研究生和年轻学者应该适当关注学术成果的转载和引用情况。像《新华文摘》《中国社会科学文摘》《人大复印资料》《高校社会科学文摘》等刊物转载的学术成果,不仅能反映出学术界关注的热点问题和研究进展,也能作为学习的典范,从中领会被选论文在选题、写作、论证方式、引用文献等方面的长处,作为改进自己学术写作的借鉴。因为文摘上收录的文章有很大一部分发表在普通刊物上,可以理解为在质量上与发表在权威刊物上的文章不相上下,只是由于各种原因没机会发表在那些权威刊物上而已。这些文章很有竞争力,可以学习、借鉴的地方很多。大多数研究生和年轻学者刚开始学术研究时都可能要往普通刊物上投稿,因而更需要学习借鉴这类文摘收录的文章。研究生和年轻学者在学术生涯刚刚起步的阶段,要习惯于从给普通刊物投稿开始,从研究小课题开始,从学习导师和周围学者治学的细节开始,踏踏实实前行,逐步积累研究经验和成果。不要指望一举成名,一出手就在权威期刊上发文章,时间不长就在重要学术场合大放异彩,期望通过创造这些"奇迹"提振自我评价的信心和勇气。真正的学术自信一定是经过长期积累的、开放的、理性的学术自信,这样才可能在学术发展的道路上行稳致远。

八、写作与表达

锻炼自己的写作能力，是研究生需要不断练就的一项基本功。有些研究生写作论文很下功夫，内容也不错，但结构不合理、文字很生涩，读起来很费劲。论文中的引文需要将外文学术著作中的相关论述译成中文，原文本来写得很优雅，但译文却佶屈聱牙，难以理解。这些地方都会影响对论文质量的评价。写作不仅仅需要优美的修辞，更重要的是合理的构思、清晰的表达、规范流畅的叙述，使读者易于理解，从阅读中感到愉悦，这是需要长期磨炼的。好文章是改出来的，不仅要自己反复改，还要认真倾听他人的批评和指导意见，认真揣摩他人的写作技巧。锻炼自己的写作能力应该追求一种境界，这就是文气贯通。要做到这一点，需要从以下几个方面着手。

（一）锻炼谋篇布局的能力

写作一篇论文或一本书，少则几千字，多则几十万字，涉及对自己的观点和思路的阐释、对文献资料的说明和评述、对学术上创新性见解的论证，这些地方都需要锻炼作者谋篇布局的能力，能够做到结构恰当得体、表达明快流畅、用语准确规范，使读者感到读起来清晰自然，很有文采。要做到这一点，不仅平时要在语文素养上用功修炼，还需要设计好论文或专著的内在结构，掌握好写作要领。

在锻炼谋篇布局的能力方面,我曾经和我指导的研究生做过这样的比喻:写作一篇论文或一本书,从开始构思到最后完成,很像培植一棵树;而读者阅读这篇论文或这本书,则好比观赏这棵树。我们从一棵树的结构和生长过程中,可以获得很多有益启示。谋篇布局实际上是要把握住论文或专著生成过程中内在的有机联系,这样才能使文字"活"起来,才适合读者的思维特点。

写出来的东西是给读者看的,写作的设计思路也要考虑到读者的阅读和理解思路。我们理解一篇论文或一本书,首先想到的是大致了解其中的主要内容和观点,这样才能确定有没有必要继续读下去,而这就是论文的摘要、导语和书的前言(绪论)要起的作用。到了读正文的时候,一般的思路是先从整体上了解研究成果的思想背景、理论基础和基本观点,然后沿着逻辑顺序、历史顺序或其他关系顺序来了解研究成果的具体内容,最后了解其研究结论,形成一个整体性的印象和评价。这就像我们观察一棵树的时候,先要看它长在什么地方,然后看其主干、分叉、枝叶和果实,最后获得整体印象。写作构思也需要适应这个特点,根据读者理解的需要设计论文或著作的框架结构。

为什么研究生的学位论文需要在"绪论"部分说明研究的思想背景和意义,在正文部分说明研究的理论基础和国内外相关研究动态?这相当于我们观察一棵树的时候要考察这棵树扎根的土壤和生存环境。有关选题背景、国内外文献综述、研究方法等部分的内容,是前人的研究成果和方法的总结。这部分工作质量如何，决定了学术研究的根基状况。人们经常评论说某一项研究成果基础深厚，理论功底扎实，有现实意义，说的就是其根基牢固，生长在前人丰硕研究成果的沃土上。当然，在学术期刊上发表的论文并不要求特意说明相关的国内外文献综述和依据的理论基础内容，但也需要在引言中做简要说明。一般说来，只要看一下论文引言中引证的主要参考文献的水平、层次和发表时间，就可以大致看出作者的学术能力层次和研究起点。

一篇论文或一本书的思路都要有一条主线，就是要从待解问题出发，说明研究成果的基本观点、理论根据、实证基础、分析论证过程、结论及应用等情况。这条主线在延伸过程中有分有合，从抽象到具体再到更高层次的抽象，即马克思所说的"思维中的具体"。写作构思从无到有，实际上展现了学者研究的过程，而读者要了解的正是这一研究过程的合理性和可靠性。本书在"学"与"问"那一章曾提到过做学问要有"问题意识"，找到待解问题其实相当于在特定土壤上栽下树苗，研究的过程就是使其不断生长，而寻找相关理论基础、研究方法、实证素材等，相当于树的成长过程中从周围环境中汲取水分、营养、光照等因素，于是不断生长壮大，主干变高变粗，分叉合理伸展，枝繁叶茂，最后结出果实。写作构思就是要展现这一过程。对论文基本观点、思想体系、理论根据、实证基础、分析论证过程的说明，相当于展现一棵树的"主干"；而基本思路主线在不同方面、不同领域的体现和具体应用，相当于一棵树的"分叉"和"枝叶"的展现。最后的研究结论和展望，相当于展现一棵树的"果实"。最后的结论和最初的问题需要保持一致性，首尾贯通，像一棵充满生机的树的各部分那样有机地联系在一起，才是一项完美的研究成果。当然，对这种类比不能做简单、机械地理解,写作构思和树的生长毕竟有很大差别。特别是研究成果的最后结论体现了分析后的综合、演绎后的归纳、分类后的总结,形成一个完整的理论架构,这个最后成果和树上的果实形态是大不一样的。有关"树"的比喻的启示价值在于提供了一种结构性参照物,有助于发现写作构思中一些关键性问题的成因和具体表现,找到解决问题的相应对策。

其一,写作初始阶段的关键性问题。写作的起点是确定题目,在研究生"开题"时导师或导师组要审议研究生的开题报告,评价选题意义和可行性,这相当于一个"栽种"的过程,既要考虑人们的需要,也要考虑土壤是否合适。有的研究生的选题只是想将前人的研究成果重新梳理一遍,既不针对新问题,也不提出新见解,这相当于把土壤重新耕耘了一次,并没有"种树",因而不可能长出新东西。有的研究生对国内外文献综述很不认真,这相当于选择"土壤"马马虎虎,不加养护,很难保证有足够的水分和营养。[1] 选题贵在创新,这种创新不是针对研究生本人的知识水平而言的,不是为自己解惑,不是给自己"补课",而是针对整个学术界而言的,要确实在前人的研究基础上有所创新。如果缺乏问题意识,不了解前人的研究基础,没有做好国内外文献综述,就相当于树苗根本没有进入土壤,是不可能生根发芽的。在英国大学文科研究生学位论文结构要求中,"文献研究回顾"所占篇幅要达到20%,[2]目的就在于充分了解前人的研究成果,打下坚实的研究

---

[1] 辛逸:《学术阅读与学术论文写作规训:提高文科研究生质量的重要途径》,《中国高等教育》2009 年第 5 期。
[2] 陈晓端:《英国大学文科研究生学位论文的结构要求及其启示》,《高等教育研究》2003 年第 2 期。

基础。

其二,写作酝酿构思阶段的关键性问题。从确定选题到写作,通常会有很长一段构思和研究的时间,需要收集资料、阅读经典文献、与他人交流讨论,逐渐形成核心思想和基本理论框架,作者应该能感受到自己的思想观念确实在不断"生长"。树的生长是树干、树枝、树叶一起生长的,树叶的光合作用将二氧化碳和水转化成有机物,输送到树的各个部分。这是将外界的化学结构上相对简单的物质形态转化成复杂化程度较高的物质形态的过程。一棵树的生长会尽可能利用周围空间的采光面积,使自身枝繁叶茂。这个过程要应对外界环境的各种复杂变化,保证自身生机的不断焕发。形成论文或专著核心观念的过程具有类似特点,由简单到复杂的转化体现在对相关的经验事实材料的处理上,这就是把原来人们认识模糊的观念加以澄清,将看似互不关联的事物组织成有意义的事件,将原来表述肤浅的事情加以深刻解释。在这一过程中,要向外部学术界展现已经形成的核心思想和基本理论框架,在外部学术环境中找到自身恰当的位置,也为外部学术体系的改善作出贡献。显然,作者头脑中最初构思出来的理论模型能否合理有效地解释和解决现实问题,必须通过在相关领域的具体运用才能够判定。有些研究生或年轻学者在提出自己的核心思想时,由于视域、知识基础、研究能力等方面存在局限性,造成理论模型内部结构松散,存在矛盾和缺陷(相当于"树干"质地疏松);而外部解释力不强,提出的观点过于浅显(相当于"树冠"枝叶稀疏),因而创新性很差,达不到研究生培养对学术成果的预期水平。

其三，写作具体展开阶段的关键性问题。在写作过程中，基本思路和各部分之间的结构关系需要仔细构思，既要相互之间有内在联系，又要有相对独立性。写作时要确定各章节合适的规模、素材、引证文献，避免整体结构失衡。这恰如在一棵树的生长过程中要剪枝、整型，去掉疯长的部分，减掉有病害的部分和枯萎的部分。有些研究生在论文写作过程中，没有考虑到论文是写给别人（包括评审专家和一般读者）看的，没有应该尽可能让读者顺利看懂的自觉意识，而是信马由缰，凭自己的兴趣决定取舍，结果造成结构失衡，看上去很不协调。人们大都不会喜欢随意蔓延生长的树，不喜欢七扭八歪的树形，但很难自觉意识到自己笔下的学位论文在结构上也会给读者这样的感觉。

其四，写作收尾阶段的关键性问题。在写作即将收尾的阶段，需要回过头来审视一下全文的结构和整体思路，看一看论文或专著的结论部分是否与开头的绪论部分提出的问题相照应，中间的结构在展开和聚拢的过程中是否合理、匀称、严谨。有些论文或专著看到最后，可能发现结构已经失衡，最后的结论与最初提出的问题对不上，已经"跑题"了，而且枝杈横生，偏离主线，冗余和稀疏并存。我经常提醒研究生在写作学位论文时要经常回过头来整体关照，有些问题一定是在全部完成初稿后才发现的，所以千万不要总停留在分段写初稿的阶段。学术成果是一个通过不断思想加工形成的有机体，就如同一棵树的生长一样。一棵有生命力的树绝不是靠分别制造根系、主干、枝杈、树叶、果实然后组装而成的。如果想把不同的写作片段生硬地整合成一篇论文或一本书，那最好的结果也只能是造出一个无生命的盆景，或者造出一个七扭八歪的"手工拼接物"，既耽误时间，又一无所获。

从上面的分析可以看到，锻炼谋篇布局的能力实际上是揭示论文和专著写作内在的有机联系的能力，这种能力赋予论文或专著的写作与表达以生机和活力。读者对论文或专著结构形态的观察、对文字表达效果的感受、对写作文采的评价，都是由此衍生出来的。研究生要提高写作和表达能力，必须关注这些深层次的方法论问题，才能不断提高谋篇布局的能力，完成高层次的学术成果。

（二）珍惜指导和批评意见

在研究生的成长过程中，最难得的思想营养是得到来自导师、评审专家和学界同行的指导和批评意见。我对写作过程中来自不同方面的指导和批评意见非常重视，这里包括主动向学界前辈请教，征求指导和批评意见，也包括向学界朋友征求意见，认真考虑来自外界特别是匿名评审的批评意见、来自读者或者学生们的批评意见。宋儒陆九渊讲过"闻过则喜，知过不讳，改过不惮"。[①] 写作过程中得到指导和批评意见，等于用外界的思想资源弥补了自己的缺陷和毛病，这是非常值得珍惜的事情。

我在前面提到过，我在傅文章老师指导下自学了高等数学。在这之后，一个偶然的机会，我看到有些报刊上在讨论如何学习和领会马克思的《数学手稿》，然后我找来这本书仔细读下去，发现基本上能看懂。当然这需要再自学一些哲学理论和哲学史方面的知识，但数学方面的推理过程一目了然。我在阅读一些学者研究《数学手稿》的文献基础上，自己形成了一些独立见解，尝试

---

① 《陆九渊集》（卷六），《与傅全美书》。

写了一篇文章《怎样认识积分?》,投给了当时辽宁省出版局主办的刊物《自然辩证法丛刊》。我以前和这个刊物没有任何往来,对投稿后的结果也没有报什么希望。可是有一天我在车间电炉前干活的时候,车间主任来找我,说有一位辽宁省新闻出版局(现辽宁省新闻出版署)的编辑老师要见我,这就是成为我后来的学术启蒙老师之一的杨德荣教授。杨老师为人热心、谦和、睿智、风趣,他的为人和为学都成为我学习的楷模。他当时是从东北工学院(现东北大学)借调到省出版局办刊的,他这次来找我是我人生中一次根本性转折,我从此时开始踏上学习探索自然辩证法的征程。杨老师当时对我的学习精神和初步研究成果给予热情鼓励,并提出对稿子的修改意见,我此时才开始理解正规的学术写作应该遵循何种规范。我的这篇稿子先后改了三遍,等到合乎发表要求即将刊用时,《自然辩证法丛刊》宣布停刊,我的这篇稿子最终也未能正式发表。这是 1976 到 1977 年发生的事情。尽管如此,我还是非常感谢杨老师和刊物编辑部其他老师的知遇之恩。没有他们无私的帮助,我不可能走上学术之路。

还有一件印象非常深刻的事情。我作为陈昌曙老师的私淑弟子可以从 1979 年算起。当时我参加辽宁社会科学院和中共辽宁省委党校举办的全国性的自然辩证法师资培训班时,第一次听陈老师讲课,他的深刻、睿智、风趣令所有学生折服。我在听课之后给陈老师写过一封信,谈了我对技术科学方法论的一些初步想法。由于那时和陈老师还不熟,觉得在学术层次上相差甚远,他又很忙,所以没指望他能回信。事情过去一年之后,我突然收到陈老师的回信,信中说:"整理资料翻到一年前你给我看的关于技术科学方法论的一些想法。当时我在旁边用红笔注了几点意见,准备还你，以后就忘了。压制青年人的创见是犯罪的行为。将功补过，又对所写的想法再想一番，有的想法准备讲给研究生，因此复写一份自留。……"接着，他用整整四页纸详细写了他对技术科学方法论的意见，并在我的稿子上做了详细批注，鼓励我在这个方向上继续努力。陈老师的复信和批注原件我至今珍藏，它带给我的不仅是学术上的指引，而且是学术品行上的洗礼，令我终生难忘。

当然，来自外界的批评意见有时可能很尖锐，让人下不来台；有时可能偏激，让人难以信服；有时甚至带有偏见，让人感到恼怒。遇到这种事情时，首先需要冷静，思考一下为何会出现这样的情况。如果来自外界的批评意见带有偏见，是不是与自己的表述方式存在弱点有关？如果事先能想得比较周到，把可能出现误解的地方主动解释清楚，尽可能消除自己的思想框架体系中的不严谨、不全面、不细致的地方，那些带有偏见的批评意见就不会提出来了。这对于改进自己的写作质量是有好处的。如果来自外界的批评意见是出于读者根本没看懂你的论文或专著，那就要心平气和地把批评意见中存在的问题阐释清楚，这样既有助于广大读者的进一步理解，也有助于自己的学术成果的进一步完善。我在1986年出版《中国科技伦理史纲》之后，厦门大学有一名博士生在《自然辩证法研究》杂志上刊文批评我提出的"以道驭术"的提法[1]，认为我将"以道驭术"理解为"技术行为和技术应用要受伦理道德规范的驾驭和制约"，这种观点对"道"的理解过于狭隘，淡化了"道"的历史韵味，模糊了"道——德"的特有界限。然后该

---

[1] 陈云:《"以道驭术"抑或"寓道于术"?》，《自然辩证法研究》2013年第9期。

文章用很大篇幅谈了中国哲学史上关于"道"的各种形而上的表达,认为"以道驭术"中的"道"之"伦理道德规范"意涵,显然不符合中国古代"道"之形(原文为"行",似笔误)上的语境。这篇文章也承认儒家之"道"有"德"的韵味,但认为就儒家技术伦理而言表现为"藏礼于器"的造物原则,而"道——德"有严格界限,道为体,德为用,"以道驭术"的提法模糊了这个界限。我回应说,这篇文章的关键问题在于仅仅从形而上的本体论角度理解"道"的内涵,把"伦理道德"看成了"道"之外的事情,这其实意味着连"道德"一词也不能用了,因为它也模糊了"道——德"的严格界限。我还指出了这篇文章在逻辑上的其他一些毛病,以及在学术质疑的方法论方面存在的不足之处,但最后说这篇文章"也促使我思考了'以道驭术'的表述问题:为什么我的表述会出现不被读者准确理解的问题呢?我想原因之一可能是当时没有强调'道德'层面的'以道驭术'与本体论层面'道'的其他含义的内在联系和相容性。对于从中国哲学史专业角度理解'道'的形而上含义的读者来说,他们首先想到的可能是'道'作为玄妙虚无的本原的含义以及'道'和'德'的区别,很少考虑'道德'的日常用法及其对技术活动的影响"。[1] 后来我在《"道""技"之间——中国文化背景的技术哲学》一书中就对"以道驭术"就做了更明确、完善的界定(见该书135页)。事后一位学界朋友碰到我提起此事,他说那位博士生确实没看懂你的观点就提出质疑,而你的回应方式是值得称道的。

---

[1] 王前:《"以道驭术"的内涵与价值——答陈云的相关商榷文章》,《自然辩证法研究》2015年第1期。

(三)追求文气贯通的境界

所谓"文气贯通的境界",是在读一篇论文或者一本书的时候,能感受到其中有一股"文气"在其中运行,让人读起来荡气回肠,畅快淋漓。这不是很容易做到的,但这是学者写作应该追求的境界。达到这种境界,就可以感受到思维的流畅和表达的流畅在交相呼应,从读者和作者角度看都是一种享受。

在阅读学术文献时,很多人都会有这样的感受:有些学术文献读起来很费劲,思路不够明晰,语言不够流畅,理解起来感到绕来绕去,很难形成完整印象。这就如同一个人体内不少地方气血淤滞,经脉不通,身体各处都是毛病。文献读起来费劲,很可能是作者自己也没有完全理解透彻,有些隐蔽的困惑、含混和自相矛盾之处,在行文中体现出来。这些都是文气不通的表现,是年轻学者特别是研究生成长过程中需要不断克服的弱点。

我第一次体会到文气需要贯通,是在写作硕士学位论文的时候。开始选择数学哲学的研究领域,读了不少介绍评价国外数学哲学研究动态的文献,包括 20 世纪初现代数学哲学中的逻辑主义、直觉主义、形式主义,布尔巴基学派的结构主义、新柏拉图主义、拉卡托斯等人的经验主义等,还想过如何从辩证唯物主义哲学出发回应这些数学哲学流派提出的理论问题。这其实是一个范围过大、很难理出头绪的选择,超出了一个硕士研究生可以把控的范围。前面提到,我在论文框架设计上反复调整修改,征求导师和相关专家的意见,总觉得哪里不对劲,写了一些片段但连不成完整的思路。后来我的研究范围逐渐收缩,区分了研究背景、理论基础和我可能做的创新性工作,最后选定以"现代数学哲学中的经验主义思潮"为主攻方向,将对现代数学哲学中各流派的了解作为研究基础和比较的参照物,客观评价数学哲学中经验主义思潮的由来、合理之处和思想局限,并将其置于现代哲学思想演变的大背景下评析。当我把所有这些研究素材、自己的观点和论证思路都想明白之后,才开始动笔写硕士学位论文的定稿。这时突然有了文气贯通的感觉,写起来非常顺畅,几乎一气呵成,好像这篇稿子如同露出一角的丝绸工艺品,原来就存在于思想世界的某个地方,只要抓住这一角不断往外拉,就把一个完整的东西展现了出来。

我的这个思想经历后来也曾在写作其他学术成果时出现过。我相信很多学者都有过类似经历。有些思想成果酝酿许久,一旦文气贯通就有瓜熟蒂落的结果。所以我在最后修改文稿的时候,习惯于从头通读,一直读到要修改的地方,感受整体上文气是否畅通。如果发现某个地方出现梗阻,马上着手修改调整,直到整体上读完感到满意为止。

要想达到文气贯通的境界,除了合理构思写作框架之外,还需要注意培养驾驭文字的能力。有不少研究生和年轻学者很苦恼自己的文字表达能力不够强,遣词造句不够精确,词语比较贫乏,读起来缺少吸引力。他们其实都读过不少的书或论文,其中也会包括一些文笔很好的文献,为什么就没有培养出自己的驾驭文字的能力呢?显然单纯的阅读本身并不会带来驾驭文字的能力,这里还有一些值得注意的问题。驾驭文字的关键在于保持思维的流畅和语言的流畅,而思维的流畅是语言的流畅的基础。如果对一个问题思考透彻,可以清晰明快地表达出来,语言自然会流畅。反过来,语言表达不流畅也反映出思维活动中有障碍,有些问题没有真正想通,这是文气不通的根本原因。驾驭文字的能力如同技术操作的能力,从来不是天生的,而是后天训练的结果。要想提高自己的写作水平,一个重要途径是揣摩他人驾驭文字的能力。在我学术成长的道路上,曾经揣摩过许多学界前辈、同行的写作技巧,受益匪浅。

我的主要专业领域是科学技术哲学,而哲学著作在很多人心目中都是晦涩难懂的,好像越是说得玄之又玄越显得有学问。实际上,哲学著作也是可以写得深入浅出甚至引人入胜的,但是这需要很高的驾驭文字的能力。在驾驭文字能力方面,给我留下很深印象的学界前辈和同仁的著作,主要有以下几部。

一是我的导师陈昌曙教授的《技术哲学引论》。我在给研究生开设《技术哲学》课程时,用的主要教学参考书就是陈老师的这本经典著作。我在给学生们讲如何阅读这本书的时候,经常提到要学习陈老师的表达和论述方法。陈老师的这部著作有一个显著特点就是主动设问,自己给自己提出看起来很难回答的问题,然后展示自己的观点,这实际上是在引导着读者的自觉反思。比如他在提到人与动物的本质区别时,先讲人们的常见观点,然后指出这些观点的缺陷,再从技术哲学角度讲应该如何看人与动物的本质区别。在讲技术系统中人的因素和物的因素哪个是矛盾的主要方面时,先指出论证"人的因素第一"或"物的因素第一"都有"足够的"理由,然后指出这种论证的毛病在于用"是否可以缺少"来论证"何主何次的从属关系"。类似的例子还有许多,都体现了思维的机敏和睿智。

二是哲学家张世英先生的《进入澄明之境——哲学的新方向》。读张先生的这本书,我就感觉到被带入了一种"澄明之境",这是作为读者的一种难得的享受。张世英先生在展现他对哲学的新方向的思考心得时,将古今中西的思想资源融会贯通,提炼出一些代表哲学的新方向的基本思路,这就是从显性走向隐性、从"在场"走向"不在场"、从"言说"走向"意会",一下子就把读者们被现代西方哲学新术语绕得晕头转向的困惑心理澄清了。他的语言又非常优美,充满诗情画意。比如他在"导论"中说:"拓展想象,超越当前,超越自我,超越自己所属的领域,一句话,超越一切当场的东西的藩篱和限制,放眼一切未出场的东西,就会展现出一个无限广阔的天地,这就是新哲学所指引我们的方向。"[①]这种散文一般的语言,显然会使哲学著作增添更多的思想魅力。

三是哲学家张祥龙先生的《海德格尔思想与中国天道》。张祥龙先生与我是同一代人,他的主要方向是现象学和儒家哲学,是学贯中西的著名学者。我曾经请他来大连理工大学讲学,也做过比较深入的交谈。他写作的有关现象学的著作,我读了之后有一种通透感,觉得把现象学讲"活"了,能够与中国传统文化进行深入的对话,这和有些讨论现象学的论文或著作的晦涩难懂形成明显反差。

在追求思维的流畅和语言的流畅方面,我们还要注意发现自己驾驭文字方面的弱点,看到毛病尽快改正。一般说来,年轻学

---

① 张世英:《进入澄明之境——哲学的新方向》,商务印书馆,1999,第 17-18 页。

者在进入学术领域的初期,都可能有一段时间文字生涩,读起来别扭,这就是驾驭文字能力较弱的体现。所以,要学会在不断修改中提高自己的写作能力。好文章一定是需要经过反复打磨、精雕细刻的。如果一个学者不愿修改自己的文字成果,也不喜欢别人修改,只能反映出自己的思维僵化,缺乏生机和活力。要做到思维的流畅和语言的流畅,还有必要多练习"打腹稿"。多年来的学术生涯,使我深深体会到这件事情对于改进自己的表达能力的重要性。所谓"打腹稿",是说在口头表达之前,已经在头脑中组织好要表达的话语,包括内容、语气、节奏、音量等要素,一切都像正式表达一样,反复过几遍,这样在实际表达的时候才能心中有数,做到准确、流畅、精炼,能够吸引听众。"腹稿"基本上是心中构思的书面语言,一旦写出来就可以成为文章,这就是所谓"出口成章"。我年轻时就很羡慕一些学者"出口成章"的本事。练习"打腹稿"可能需要借助朗读,这是我从一位硕士研究生那里得到的启示。2007年我去湖南长沙参加一个学术会议,会后特意去参观湖南博物馆马王堆汉墓陈列展厅,当时一位国防科技大学科学技术哲学专业的硕士研究生陪我前往,一路上随便闲聊,涉及不少很有意思的话题。这位研究生大学本科时学的是计算机专业,他为人热情而健谈,讲了自己逐步适应哲学思维方式的一些体会。其中有一个细节很有哲理。他说,为了掌握哲学的专业表达方式,他找来一些写得非常好的哲学论文,不仅认真阅读理解,而且在一个人的时候自己大声朗读,感到效果非常好。读得多了,不知不觉学会了用哲学语言表达自己的思想,还能够体会到哲学专业语言的精练、准确和深奥之处。我突然意识到,他的这种做法才是真正的"读书",而我们许多人以前学哲学时其实只是在"看书"。我后来在写一本哲学随笔集《活在随感中的哲学》时,把这个话题列为首篇,题目就是:"读书"与"看书"。这个小伙子后来在学术上发展相当快,现在已经成为军事技术哲学领域的专家,他就是目前在中国人民解放军国防大学任教的石海明教授。我想,他之所以在学术上这样有成就,能够通过"朗读"来领悟哲学思维的奥妙,由此提高哲学表达的文气贯通能力,可能是其中的一个重要因素。我和石海明教授后来有机会接触再谈及此事,彼此都有很深切的体会。

九、研究生的心理素质养成

研究生的心理素质指的是研究生成长过程中需要养成一些思维品质，主要涉及开展自主学习的能力、自己摆脱发展困境的能力和善于发明创造的能力。这些能力都不是研究生通过课程学习直接获得的，也不是靠简单模仿他人就能具备的，而是需要认真向导师和学界前辈学习，自己不断反思，提高思想修养，涵养性情，才能逐渐形成。在心理学上这些思维品质属于非智力要素，但在决定研究生学术发展进程上至关重要。

（一）如何自主学习？

研究生开展自主学习的能力并不是靠提高思想重视程度就能自动具备的，而是需要经历一个养成的过程。自主学习并不等同于自己学习，而是要强调自觉、自愿、自律，自己知道应该学什么、怎样学习、怎样保证学习效果，这才是真正意义上的"自学"。在本科及以前的学习生活中，尽管老师们也在鼓励主动自学，但留给学生自学的时间并不多，每个学习阶段都有人引导督促。所以许多人以为一定要有老师授课、同学讨论、按要求完成作业、得到批改、通过考试，才是正规的学习。至于这些"规定动作"之外的主动自学，需要自己选择阅读材料，自己理解，自己思考，没有确定标准，实际上很难有显著效果。在习惯于应试教育的教师和家长看来，学生的自主学习存在危险，很多人往往把自主学习等同于放任自流。在这种情况下，有些自主学习且成效显著的学生往往被归结为天分很高，这就掩盖了培养自主学习能力的必要性。

与本科阶段相比，研究生可以自主学习的时间大大增多了，但不少人并不知道如何自主学习才最有效。研究生虽然有导师指导，但导师主要在学业上提出原则性意见，自主学习的很多具体问题如何解决还要靠研究生自己摸索。有些研究生在可以自主学习的时候往往随性、自由、散漫，临到检查考核时才着急；平时并不主动找导师请教，听到批评意见后才引起重视。他们并不完全理解自主学习的意义和规律性，在不得不自主学习的时候却并不适应这种状态。本科毕业之前的学习以继承知识为主要任务，能否自主学习并不是普遍性问题。而进入研究生阶段需要学会创造知识，这时如何自主学习才成为关键性问题，但是这方面并没有现成的教科书可以遵循。研究生的自主学习当然不是绝对的自作主张的学习，还需要主动征求导师指导和外界的必要帮助，是善于利用外界条件的自主学习。

研究生应该如何自主学习？下面结合我的亲身经历，谈谈两条方法论准则。

其一，自主学习的动力来自持久的求知欲，所以必须培养自己不断学习新知识的强烈愿望，主动安排自主学习的目标和计划，并为之不懈努力。

从前面关于研究生提高学术研究能力的几方面讨论中可以

看出，要想获得高质量的学术研究成果，必须主动打造属于自己的"学海之舟"，学会自主提问、自主思考、自主学习、自主开展学术研究。一个学生对所学过的知识是否理解精准、记忆深刻、运用自如、方法得当，是一件个性化特征很强的事情。在扎实、雄厚的知识基础上，每个知识点之间都存在紧密的逻辑联系，经得起怀疑、质问和推敲，需要通过自主学习不断完善。而要做到这一点，关键在于具备自主学习的能力，不断汲取新知识，开拓新视野，进入新境界。古人所谓"学无止境"确有深意。中世纪哲学家库萨的尼古拉主张"有学识的无知"①。《礼记·学记》讲"学然后知不足，教然后知困。知不足，然后能自反也；知困，然后能自强也。故曰：教学相长也。"②改善自己的知识结构是一生一世的事情，需要持之以恒，毫不松懈。从人才培养的角度看，研究生教育的一项重要功能是学会自主学习的本事。能做到这一点，无论毕业后进一步搞学术研究还是从事其他工作，都会具备生产和创造新知识的能力。

有些研究生问过我，为什么能够跨越高中和大学本科阶段直接考取硕士研究生？为什么在研究和写作上有较高的效率？这里有很多因素在起作用，但其中一个重要因素就是自主学习发挥了重要作用。前面说过，我的学术经历中曾经有过长期自学的阶段，需要自己主动安排学习，主动找老师请教，自己衡量知识储备，自己调整学习方法，这恰恰就是现在研究生在自主学习时应有的状态。推动我一路走来的主要动力就是想学习更多的知识，

---

① 全增嘏主编《西方哲学史》(上册)，上海人民出版社，1983，第377页。
② 《礼记·学记》，吴哲楣主编《十三经》，国际文化出版公司，1993，第510页。

希望通过理解和运用知识改变命运。最初的求知欲并没有明确的功利目标,只是相信自主学习知识对于社会和个人都是有益的事情,值得努力去做。1963年秋到1966年上半年,我在沈阳市第二十中学读初中,那时候就养成了初步的自主学习习惯。这所中学是沈阳市一所重点中学,有一批水平相当高的教师。他们并不特别追求学生考试分数有多高,而是注重传授理解和处理知识难题的思想方法。这种学习环境有利于激发求知欲和好奇心。当时我有一个习惯,就是在放学后和空闲时逛逛位于太原街的市科技书店。这个书店对读者相当友好、宽松。书架上的书可以随便翻看,如果不想买也可以长时间浏览,没有人干预。当时我对课外读物非常感兴趣,特别感兴趣的是那些用通俗生动的方式介绍现代粒子物理、相对论、引力理论等领域一些前沿成就的读物。①② 当知道物理学里还有一些问题至今未解时,我的好奇心就大大增加。这些问题的答案可能是什么?要学习一些什么知识才能解决这些问题?这些懵懂的想法萦绕在头脑中。由于看不懂高深的数学公式和推导过程,我只能尽力去读定性介绍相对论原理的著作,如爱因斯坦写的《狭义与广义相对论浅说》③。在外人看来,一个初中生这样做近乎胡闹,因为缺少太多的基础知识,这种阅读很难有什么实质性收获。我也意识到,这样的阅读和思考或许没什么结果,但脑子里一旦装了这些科学上的未解之谜,就还想学习更多的知识,尽管要靠艰苦的自学,要吃更多苦头,但这种"活法"我喜欢,愿意为此付出。应该感谢中学老师们

---

① 邓乃平:《空间和时间的故事》,中国青年出版社,1965。
② 田志伟:《物理学的未知世界》,上海科学技术出版社,1965。
③ 爱因斯坦:《狭义与广义相对论浅说》,杨润殷译,上海科学技术出版社,1964。

为我开启了知识的"大门",看到那里面还有很多精神瑰宝和值得探索的奥秘,后来虽然离开了学校,也会沿着求知之路继续走下去。所谓"知识改变命运",很多时候是潜移默化的。我在初中时无论如何想象不到去书店"蹭书"可能带来的长远后果。

读初中时的自主学习其实并不很累。艰苦的考验从1968年开始。那一年9月,我和大多数中学同班同学一起下乡插队成为"知青"。我们插队的地方在辽宁省西北部一个辽河边上的小村庄,当地主要种玉米、高粱、大豆等,有少量稻田,没有集市,交通也不方便。作为"知青",要和当地农民一样干农活、挣工分、吃粗粮。然而我一直想利用各种机会继续读书,当时力图找到一切可读的书,觉得无论读什么都"开卷有益"。我利用每天相当少的空闲时间,从头到尾读了《毛泽东选集》一至四卷,读了高中的数学、物理、化学、生物、语文、历史课本,读了当时流行的一些小说,还有其他各种书籍。有一次出民工时住在一位老乡家,由于"闹肚子"休息一天,居然读完了老乡家里保存的一本中篇小说《一个潜水艇员的札记》①。这本苏联作家写的书不仅情节生动,而且语言极为简练优美,这种表达方式给我留下了非常深的印象,成为以后写作效仿的典范。

真正让我的"知青"同伴们感到古怪的,是我在很有限的闲暇时间里读一些他们感到莫名其妙的书。由于琢磨现代物理学带来的自然观、物质观和时空观的变化,我沿着一些科普读物提供

---

① 约显里安尼:《一个潜水艇员的札记》,蒲耳译,作家出版社,1956。

的线索,逐渐找到一些讨论这方面问题的哲学著作,包括列宁写的《唯物主义和经验批判主义》①。我觉得似乎看进去了,尽管还不能透彻理解,但这种阅读确实改变了我的知识结构。我甚至把这些书放在回家探亲随身携带的旅行袋里,随时拿出来翻阅。这种做法在周围的人看来精神很不正常。我的"知青"同伴们实在搞不清楚列宁的这本书里说的那些话究竟意味着什么,有什么用,更不理解我为什么看得这么着迷。实际上我当时并不清楚学的这些知识会带来什么样的明确结果。当时只有一个信念:书没有白读的,知识将来总会有用的。这种信念支撑我沿着求知的路一直走下去。这种阅读引导我进入了哲学与自然科学交界的陌生领域,促使我不断汲取新的知识营养,这对后来走上学术之路很有益处。

其二,自主学习不是自我封闭的学习,一定要寻找各种可能机会争取专家学者的指导和检验,同时严格要求自己,精细认真。

自主学习需要发挥主观能动性,但是不能自以为是,以为全凭一己之力就能准确掌握现代科学知识。当我自学了很多对一个初中毕业生来说很高深的知识的时候,心里其实是很没底的,因为我说不准自己的理解是否完全精准正确,是否符合学术界普遍认可的规范和标准。1976年1月,我被抽调回城到沈阳高中压阀门厂铸冶车间当工人。我面对的是电弧炉炼钢的操作平台,每天工作时头上天车轰鸣,炼钢炉前高温作业,当时的工作需要"三班倒",好处是可以有相对集中的时间来自学。此时我萌生了

---

① 列宁:《唯物主义和经验批判主义》,中共中央马克思恩格斯列宁斯大林著作编译局译,人民出版社,1960。

学习高等数学的念头,因为我意识到掌握高等数学知识是接触现代学术研究的必要基础。前面提到,我是在东北工学院(现东北大学)傅文章老师指导下自学高等数学的,这是我第一次在大学老师指导下学习大学课程。自学高等数学的最大考验,是自己弄懂其中的专业知识,厘清各种概念符号的逻辑结构,这样才能掌握相应的运算方法。这意味着要把自己的逻辑思维能力尽最大可能调动起来,不容半点马虎。当然这是很累脑子的,但后来证明这对于培养一个人的逻辑思维能力极有益处。如果没有这样一个知识基础,后来想从事数学哲学方面的研究就无从谈起。

我在自学哲学和英语方面也尽可能争取得到学术前辈和相关老师们的指导帮助,接受专业训练。我从在杨德荣老师指导下修改"怎样认识积分?"的稿子开始,直到1979年考取硕士研究生,这中间有两三年时间里,在业余状态下接受了几位学界前辈的指导帮助,学习了哲学原理和自然辩证法基本知识。当时《自然辩证法丛刊》编辑部除了杨德荣老师,还有傅世侠、王树茂、樊期增等老师。通过他们我又参加了一些学术活动,认识了张卓民老师和陈昌曙老师。他们都是我在学术起步阶段的启蒙老师。我当时只是一名青年工人,一个自然辩证法研究的业余爱好者,却在自学道路上得到他们的热心指导帮助,引导我走上正规的学术发展道路,这是我学术发展中最重要的转折。

在准备硕士研究生入学考试的时候,我还系统学习了大学的哲学通用教材,有时找几种不同版本对照学习,力求在脑子里形成自己的系统理解,希望自己能融会贯通。前面提到,1979年春,我参加了辽宁社会科学院和中共辽宁省委党校举办的全国性的自然辩证法师资培训班,我是其中没有大学学历的一名特殊学员。在这个班上讲课的有当时东北工学院(现东北大学)、辽宁大学等高校的老师,开设了哲学原理和哲学史的课程,这对于检验和改进我对哲学专业知识的理解程度有相当大的帮助。至于自学英语,我没有机会去大学里听课,只能自己找来当时流行的《大学英语》教材仔细研读和做题,琢磨英语为什么要如此表达,这里面有什么规律性,英语和汉语之间有什么对应关系,这种思考有明显收效。我还找了一些英文原文阅读材料尝试翻译,也很有收获。我后来比较顺利地通过了研究生入学英语考试,再后来在读硕士生和博士生期间有专门的外语课,接受了一些专业训练和考核,在英语的听、说、读、写、译各方面都有所提高。我提高自己英语能力的另一个主要途径是锻炼英语写作。这需要大量阅读英文原文文献、反复修改自己的英文初稿、发现表达上的不准确不地道之处。如何才能发现英文写作中的不准确不地道之处?一是要向外语专业的老师们请教,请他们挑毛病;二是对照英文文献,看国外学者如何表达自己的学术思想;三是在与国外学者的直接交流中发现自己表达上的问题,这种直接的思想交流更容易发现不准确不地道的深层原因。当然这中间需要不断给自己挑毛病、出难题,努力做到精益求精。这仍然是在自学英语,只是换了一种形式。

通过我的自学经历可以看出,我并非完全的"自学成才"。我在考上研究生之前的自学得到过一些专家学者和大学教师的指导,还参加了一个专门的高校师资培训班,经历了与在校大学生类似的学术训练过程。由于缺乏学校学习环境中常规的听讲、答疑、讨论和考试,我要保证自己的知识基础不出偏差,就需要格外小心谨慎、反复推敲、仔细核对，对相关知识的理解力求扎实可靠。我还需要不断调整自己的学习方向、目标和方法，力求在很有限的时间里提高学习效率和效果。这些都是自主学习取得成效的必要条件。

现在很多年轻学者深感争取学习机会的不容易，中考、高考、考研、考博士生都要经过激烈竞争，但他们往往觉得学习只有在学校里才能进行，而自学除了备考之外就没有别的用途，结果忽略了研究生期间自主学习在打造知识基础和培养研究能力方面的特殊作用。我经常和我的研究生谈到，一定要珍惜你们现在的学习机会，千万不要因为条件好而忽视了自主学习能力的培养。我的求学之路比较特异，是一些偶然因素唤起了我不断提高知识水平的愿望，并且提供了这种可能性。同学们现在学习条件非常好，有导师专门指导，有优越的读书环境、充裕的时间、便捷的信息交流渠道，比我当年自学时的条件要好得多，应该在主动自学打好必要基础方面做得更快更好，取得更大进步。

研究生具备了自主学习的能力和习惯之后，对未来的发展有什么好处？我的体会是这样可以在自主学习和事业发展之间建立一个相互激励的良性循环机制，我后来的很多学术研究领域的开拓和成果的取得，都来自前期自主学习时奠定的知识基础，由此可以促进更深入的学习和研究，保持不断进取的动力。我从这种状态中受益匪浅。1982年硕士研究生毕业后，我被分配到辽宁教育学院任教。当时社会上刚毕业的研究生相当少，我所在工作单位给予的工作环境和生活待遇还不错，工作压力不大，很容易使人产生松懈知足的心理。从农村、工厂到读研究生，一路相当辛苦,还需要继续自主学习,给自己"加码"吗?对我来说,答案是肯定的。在多年来的学习生涯中,我接触到不少为人和学识都非常好的老师,深感自己的知识结构与他们相比还有很大差距,也希望将来成为他们那样的学者。在他们的引领下,我在改善知识结构方面不断有新的收获。古人讲"见贤思齐",华罗庚先生讲"下棋找高手,弄斧到班门"。① 只有不断向学界前辈请教,学习同辈学者的长处,看到自己的不足,改善自己的知识结构才有动力。

我在辽宁教育学院工作期间,有比较充裕的时间和精力搞自己感兴趣的学术研究。我继续坚持自主学习,从以下几个方面进一步改善了自己的知识结构。

一是文化史方面的知识积累。由于"文化大革命"期间学业的中断,我们这一代人在中国传统文化知识修养和对外国文化了解方面都比较欠缺。20世纪80年代和90年代社会上兴起"文化热",相关书籍大量出版,报刊上也有很多文化专栏,创造了很好的学习机会。我当时买了不少这方面的书,还有一些出版社朋友的赠书,如饥似渴地阅读,感到知识视野迅速打开。学习文化史知识有一个鉴别、消化、吸收的过程,需要在有限的时间内汲取思想精华,提高阅读质量。读书要筛选,要征求内行专家的意见,要从改进对文化史的整体理解和把握的需要出发。如果一头扎进书堆里乱读一气,也有可能迷失方向,得不偿失。

二是通过阅读经典著作改善知识结构。我在这一期间读了

---

① 李峥嵘:《华罗庚的学习方法》,《北京晚报》2021年11月13日。

不少科学哲学、技术哲学、西方哲学史、科技史等领域的经典著作，弥补了以往知识结构中的缺陷。读经典著作是打基础的工作，需要拿出专门时间，仔细琢磨，但自己读书的一个弱点就是在理解上一旦出现偏差可能意识不到，所以需要时时反思和调整。我的读书方式有些类似自学高等数学，就是自己寻求建立一种融会贯通理解的知识结构，主动消除其中的自相矛盾和冲突之处。另外就是比照一些对经典著作进行解读的权威性著述，看他人尤其是学界前辈是如何理解的，以此发现自己理解上的不足之处。

三是在掌握相关研究领域最新学术动态方面，我延续着从攻读硕士研究生开始养成的阅读习惯，定期浏览主要专业期刊，了解学术界最新的研究动态，从中汲取必要的思想营养，包括重要的学说、观点、方法和事件。这样做其实很累，需要持之以恒，而且没有明显的效益标准。但作为一名学者，这是一项基本功。不了解学术发展前沿的情况，怎么敢说自己可以在学术前沿做一些研究工作？这方面的知识结构需要不断更新，才能够使一名学者的头脑始终保持生机和活力。

我直到1997年秋季才在职读博士学位。之所以在硕士研究生毕业之后间隔十五年又去读博士，是在不断开拓自己的学术研究道路过程中意识到自己还有不足之处，需要继续深造，因而攻读博士学位不是为了功利目的（我读博士时已经担任了四年教授，成为沈阳师范大学科技哲学专业的学科带头人，自己开始招收硕士研究生），而是纯粹出于提升自己学术水准的需要。因为我觉得从我的具体情况看，如果有机会的话，一定要完整接受博士生培养的全程训练，才可能将来当好博士生导师。事后证明这种选择非常有好处,因为自己可以亲身体会到博士生学习和成长的各种问题和解决途径,以后自己带博士生时就更容易理解学生们的困惑、苦恼和问题所在。

我 2000 年获得哲学博士学位后,从秋季开始协助陈老师指导科技哲学专业的博士研究生,2002 年起在大连理工大学招收科学学与科技管理方向的博士生和哲学专业的硕士生。在 2007 年开始招收哲学专业博士生。在指导学生的过程中,面临着进一步改善自己知识结构的新挑战。而保持自主学习的习惯和不断进取的动力,对于我后来的教学、指导研究生、开展学术研究与交流,都有长久的影响。人们常说"教学相长",在培养研究生方面尤其如此。如果当了研究生导师后就停滞不前,是带不出好学生的。在确定研究生选题的时候,要考虑到学生的知识结构和能力,还要考虑到理论价值和社会需求,很难保证完全与自己的研究兴趣一致。有些学生可能比较适合参与到我的研究课题中,承担一部分工作;也有不少学生需要选一些与自己的研究方向远一些的问题开展研究,而我并不具备这方面的足够知识基础,所以必须结合指导研究生的需要补课,主动学一些新知识,研究一些新问题。这是一个与学生一起学习的过程,也是改善自己的知识结构的重要方面。

我与学生一起学习的一个新领域是知识管理。从 2002 年起,由于工作需要,我开始指导科学学与科技管理方向的博士研究生。这个领域本来就与科技哲学关系密切,不少学者都在这两个方向同时开展研究。我在科学学与科技管理方向先后带了十几名博士生,主要研究方向围绕着知识与智力资源管理展开。当时大连理工大学著名管理学家王众托院士引领着国内的知识管理研究，在国际上也有很大影响，我是追随王众托院士指引的方向进入这一领域的。科学学与科技管理研究有着不同于哲学研究的范式，注重定量分析、系统建模、案例研究、实证调查。由于以前缺乏这方面的知识储备，所以我用了很多时间和精力学习管理学的相关知识，包括管理学原理、管理思想史、知识管理、创新管理、科技管理的方法论等方面专著和论文，参加相关学术交流，还跟随王众托院士前往日本北陆先端科学技术大学院大学参加了一次有关知识创新和管理的国际学术会议。在具体指导博士生学位论文的过程中，我还结合不同选题与学生一起学习相关的背景知识和理论方法，包括人力资源管理、科研团队建设、人才评价、企业技术创新、企业群决策、知识转化、智慧城市测度指标、高新技术企业负责任创新等方面的相关研究成果。我深深体会到，如果自己缺乏必要的理论基础，不了解相关研究进展，是很难保证学生的论文符合科学学与科技管理学科的研究范式的。

除了知识管理领域之外，即使在科学技术哲学的研究领域，也有不少需要与学生一起学习的专业知识。在确定每一名博士生或硕士生论文选题的时候，都需要考虑引导学生在学术前沿领域选择适合自己的研究方向和问题，这很可能超出导师原有的知识储备，带来新的挑战。如果只是选择研究生导师熟悉的领域和研究方向，在自己原有的研究基础上找一些容易做的小题目，实际上达不到培养学生的效果。师生一起学习，一起探讨，一起迎接挑战，才可能使学生真正理解什么是学术研究。

在经过漫长的学习历程之后，现在回过头来看，如果不自主学习，在很多方面就会落伍，跟不上时代潮流，也很难使自己的知识结构发挥有效的现实作用。我时常在想，学生们可能把老师看作什么都懂的偶像，古人称赞有学问的人"学富五车""学识渊博""学贯古今"，但作为老师和学者千万不要把自己当成真理的化身，以为在学问上可以登峰造极，无须再进取。俗语讲："活到老，学到老"，这不是一句空话。由于当代信息技术和人工智能技术的快速发展，知识的更新速度也明显加快。不学习新知识，不及时更新自己的思想观念和思维方式，头脑中的知识储备就会成为"一潭死水"，逐渐失去生机和活力。有些人以为学得越多，可学的东西越少，老教师都是往外输出知识的，还需要不断学习吗？然而，如果将学习视为"输入"，将教学视为"输出"，一个系统只是不断"输出"而没有新的"输入"，时间长了不是越来越空虚了吗？知识也有过时和折旧的特征。固守已有的知识结构而不思进取，拿一本教材或讲义一讲多少年而不更换，显然是对学生不负责任的态度。"学者"在很多人心目中是学识渊博的人，是学问高深充满智慧的人，其实"学者"的本意就应该是不断学习的人，是养成终身学习的习惯的人。这样来定位于"学者"的内涵，那么即使学者已经功成名就，已经退休闲居，学习已经不再有功利价值，仍然会把自主学习当成生活中不可缺少的重要组成部分，而这种心态应该是一个学者安身立命的根基。

（二）如何摆脱发展困境？

人的一生中可能会遇到各种发展困境，但学术上的发展困境往往要通过学术上的途径和方法加以摆脱。研究生学习阶段需要养成的另一方面心理素质，是培养自己相对独立地摆脱学术发展困境的能力。有了这种能力，以后再遇到学术上的发展困境，自己就会主动想办法摆脱，使自身的学术发展得以持续下去。

所谓学术上的发展困境，不同于上面讨论的研究生在学习过程和学术研究方法上遇到的困境。后者是一般性的，通过自己调整心态和思维方式可以摆脱的困境；而前者往往因人而异，还涉及社会环境和人际关系方面的问题。对于一个学者来说，如果自己的具体学习条件和工作环境变得不利于学术上进一步的发展、自己的研究工作遇到文献资料和仪器设备的短缺、自己熟悉的专业方向在社会应用方面得不到足够重视和支持，都会使学术发展难以为继。有些人陷于困境无法摆脱，本来很好的前期基础付之东流。而有些人善于在困境中寻找新的发展机遇，不仅有百折不挠的坚韧精神，而且有足够的实践智慧，总能摆脱发展困境，开创新局面。研究生的学习过程中也可能遇到类似的情况，比如入学后发现自己的知识结构和思维特点其实不大适应所学专业，自己原有的知识优势体现不出来，用到的都是自己的不足之处，但是想重新选择已经没有机会了，因而进退两难。又如自己理想的学术研究目标和见解得不到周围导师和同学们的认可，而有条件做的课题自己又不感兴趣，于是僵持在那里，不知路在何方。我的体会是，遇到发展困境要从实际出发更换"赛道"，通过在新的发展路径上发挥自己的学术上或知识上的长处，首先改变现实的学习、工作和生活环境，再寻找新的发展机遇。遇到发展困境不要怨天尤人，不要彷徨，从身边事情做起，才能真正摆脱困境。如果研究生学习期间有过相对独立摆脱发展困境的经历，或者有机会了解自己的导师和其他学者如何摆脱发展困境的经验体会，这对于研究生毕业后在工作中摆脱发展困境都有重要参考价值。

就个人的切身体会而言,我在硕士研究生毕业工作之后也曾面临某些发展困境,但通过个人努力和相关学界前辈和朋友的帮助都解脱了出来。我曾经调动两次工作岗位,都在更大的学术平台上找到了新的发展机遇。然而在摆脱发展困境上印象最深的,反倒是在考取硕士研究生之前两段比较极端的经历,或许给研究生另一种视角的启示。这两段经历的特点在于,那时我很想有机会进学校读书,在学术上有所发展,但是现实环境中难以实现这一愿望。当时自己通过自主学习在学术上或知识上已经有些积累,可是在社会上的选拔机制中又不起作用;而在农村或工厂的日常劳动中自己的具体条件并不占优势,看不到改变自身处境的希望,进不可能,退不甘心。我确实是通过学术上的途径和方法摆脱发展困境的,但选择的是近乎"独辟蹊径"的思路。

下面谈谈我的这两段亲身经历。

第一段是我在下乡插队当"知青"的后几年,当时有些同学抽调回城当工人,有些被推荐去高校成为"工农兵学员"。我虽然很想学习深造,而且觉得对思考物理学中的哲学问题有些心得,还自学了高中阶段的不少知识,可是由于各种条件限制一直没机会。当时每天只是干普通农活,用不上我自学到的那些更高层次的专业知识。为了摆脱这种困境,我尝试给自己开辟另一条路,就是从身边的实际需要出发,运用所学知识切实改变工作和生活环境。为此我一度把钻研农业科技知识作为自己的另一方向,搞了一些农业科学实验,如推广"糖化饲料"喂猪、搞"5406"菌肥、试验农用除草剂等,这些都是当时农业新技术的普及活动。到了1974年,由于不少"知青"已经陆续抽调,剩下的少数"知青"就合并到一个有水稻田的生产队里。水稻育秧前有一个催芽环节。以往都是在较高温度下催芽,种子长出的芽较长,播到秧田上反而长不好。我在那一年春天被安排干催芽的农活后,经过反复琢磨,搞出来一个"低温催芽"方法,种子出芽很短却很强壮,播到秧田上长得非常好,老农们都很满意。接着又出了一个意外事故,负责秧田管理的两个当地农民玩忽职守,秧田明显受到伤害,不少地块的秧苗色泽变淡甚至发黄,农民们心疼得不得了,因为秧苗坏了意味着一年的收成就没了。我又接过抢救秧苗的任务。此时"死马当活马医",我就放开手脚尝试各种方法,一方面向老农请教,另一方面自己琢磨,不断调整思路,最终竟然把受伤的秧苗抢救过来了。就在快要插秧的时候,铁岭地区和康平县的农业技术专家下乡来检查工作,到了我们生产队的秧田实地考察秧苗长势,说没想到康平县这个边远乡村里能看到长势这样好的秧苗。于是我在总结了如何抢救受伤秧苗的经验体会之后,就顺理成章地加入了铁岭地区农业科学研究所水稻科技协作组,这是对真正的科学技术研究的近距离接触。我后来参加过铁岭地区水稻科技协作组的一些活动,包括开研讨会、到铁岭地区一些水稻科技先进单位考察、引进一些优良稻种进行试种和对比试验,等等。我也一度想争取机会到农业院校深造,但这个愿望由于种种原因最终未能实现。当我意识到"学农"这条路已经走不通的时候,只好下决心回城当工人,而这也和我几年来的努力得到当地相关部门重视有一定关系。我并不后悔这方面的精力投入。在钻研农业科技知识、搞农业科学实验的过程中,加深了我对科学研究和技术实践活动的亲身体验,对后来搞技术哲学也很有帮助。这不算是完全摆脱发展困境,但总算找到了新的发展机遇。

第二段是我当工人的后几年,社会上学术研究的风气逐渐兴起,我的自主学习环境也大为改善。这期间我读了不少科学普及读物、哲学专著、相关研究文献,自学了高等数学和哲学教材,这方面的知识积累对后来的学术发展很有益处。当时已经恢复高考。我当时的困境在于我自学的高中课程并未达到非常优秀的程度,而我自学的高等数学又不是高考所必需的。再加上其他一些原因,我未能通过高考进入理想的高校和本科专业。而我对思考数学和物理学哲学问题的研究兴趣又不能总是停留在业余状态,这样就陷入进退两难的境地。在这种情况下,我的启蒙老师杨德荣教授鼓励我跨过高中和大学本科阶段,直接报考研究生。我非常感谢他在帮助我摆脱发展困境的关键时刻的重要点拨。1978年我报考中国科学院研究生院的自然辩证法专业研究生,进入了复试。虽然后来由于某些原因未能录取,但是我坚定了考研究生的信心和决心,所以第二年才考取了东北师范大学的自然辩证法专业硕士研究生。

我的这两段经历与现在研究生的学习环境相比反差较大,但也有一些可以借鉴之处。这就是如果发现自己在学业发展中陷入困境,一定要运用创造性思维将自己解脱出来,这就是要思考如何从现有的学习环境出发,尽快选择一个学位点和导师认可,而自己又有能力完成的新的具体问题,按照研究生培养标准把学位论文作出来,即使这个问题并不符合自己最初设想的比较理想化的研究方向和目标。当研究生的学术理想与现实出现明显反差的时候,很可能是最初的设想还不够准确,或现实条件还不具备,此时最关键的事情不是"较劲",而是先完成学业,融入学术发展的建制化的主流。如果想将来在学术上有所发展,一定要创造机会使自己进一步接受专业学术训练,能够不断请教相关领域中的专家学者,得到名家指点,才能使自己的学术兴趣爱好与社会发展的整体需求相一致,才能有持久的学术生命力。在我指导过的研究生中,曾有学生充满创造热情,给自己定的初始方向和目标过于宏大,过于理想化,书越看越多,写作论文初稿越来越长,在学制规定的有限时间内实际上根本无法完成。作为导师,就需要帮助他回到现实生活中来,确定切实可行的方向和有限目标,首先保证能够顺利毕业,以后再去追逐自己的理想。

(三)如何培养创造能力?

具备创造能力,是研究生最重要的心理素质,是开启研究之"门"最关键的要素。同学们都很重视自己创造能力的高低,但有些人苦于找不到培养自己创造能力的途径,甚至可能觉得创造能力是天生的,后天的努力很难奏效。实际上,个人的创造能力是可以培养的,关键是要选择正确的途径和方法。每个人的思维类型不同,有些人逻辑思维能力很突出,另一些人在直觉思维能力上超乎常人。然而对于学术研究来说,逻辑思维能力和直觉思维能力都是必要的,而创造能力强的人往往是逻辑思维能力和直觉思维能力都很出色的人,尽管这一点很难做到。下面分别讨论培养创造能力的几个具体问题。

其一,如何培养作为创造能力基础的观察与发现的能力。观察与发现的能力是学术研究中经验性的思维能力,具体指对现实生活中各种现象、事件、人物特征如何觉察、如何发现问题、如何意识到认知对象可能蕴含的意义。在我接触过的学者中,有些人观察问题很敏锐,能很快发现问题,这种能力往往来自不满足于习惯性的现成答案的思维习惯。陈昌曙教授的观察与发现能力就是很令人叹服的,因为他经常能给我们这些学生提一些大家平常注意不到的问题。记得他有一次在外出开会的途中问大家:"在有轨电车经过岔路口的那一瞬间,电路是联通的还是断开的?""火车头拉动后面的车厢,是一节一节拉动还是整体拉动?"这些事情大家习以为常,都没有想到其中还存在问题。我前面提到"学"与"问"的关系时强调要有问题意识,有了问题意识才能看到别人看不到的问题。刘大椿教授在科学哲学研究方面,特别强调"从辩护到审度","审度"就是要有一个观察审视的立场,要能够发现问题进而解决问题。[①] 培养观察和发现的能力首先需要培育自己更广博的知识背景和扎实的理论基础,同时能将现实生活中的各种现象、事件、人物特征放到这一知识背景上加以考察。

　　人们经常讲看问题要有一个"立场"。立场不同,看问题的角度就不同,能看到对象事物的表现形态和细节也就不同。要培养观察和发现的能力,首先需要选择一个合适的立场。如果站的位置离对象事物太近,甚至受对象事物影响很大,那就只能观察到很有限的侧面,很难保证客观、全面。而站的位置离对象事物太远,又很难观察到细节,很难有切身体验。按照现代认知科学哲学的观念,观察本身是渗透理论的。看到了什么固然重要,更重要的是看出了什么,即对观察对象的性质和状态作出准确判断。以不同的理论基础和视角进行观察,会作出不同的判断。作为理论工作者,如果在你掌握的某种理论的适用范围内,发现了与通

[①] 刘大椿:《从辩护到审度:马克思主义科学观与当代科学论》,首都师范大学出版社,2009。

常的理论解释相矛盾的反例,或者发现了以往的理论解释模糊不清的地方,都可能成为理论研究的新起点。我作为哲学工作者,总喜欢用哲学视角观察现实生活中的各种人和事,将对象事物作为研究的特例,希望从中发现某种具有某种普遍意义的启示。我喜欢在人们热烈讨论的时候平静地倾听和观察。记得有一次我和几位同事因公外出,在火车上大家一起闲聊。我在这种场合总是不多说话,在一旁静静观察思考。一位同事发现后问我在做什么,我随口说在观察你,这种回答引起了一阵哄笑。笑声过后,这位同事多少有点不高兴:"我怎么成了被观察的对象?"他大概觉得观察的对象应该是"物",而"人"总不是"物"吧。事后我也觉得这种表述容易被误解。哲学的观察思考不同于自然科学的观察思考,这是认识主体与对象之间思想交融的过程。结构主义哲学家拉康强调"他者理论",主张要学会站在"他者"角度进行观察思考,这大致相当于中国传统文化讲的"以心换心""推心置腹",对于培养和提高观察与发现的能力很有益处。

培养观察与发现的能力还需要注意打破思维定式,锻炼从与众不同的视角进行观察和思考,这就需要设想与众不同的视角的可能性,推测认知对象可能存在的隐性因素和特征。所谓思维的灵活性,就是在遇到对某些人或事看不清楚或想不明白的时候,不要固守传统的观念和习惯,主动变换观察和思考的角度,这样就可能看到前人或自己以往看不到的东西。历史上很多重要的科学发现都是通过变换不同观察角度获得的。英国发明家布里尔莱发现不锈钢的配方,是因为他的助手在锈迹斑斑的报废合金钢零件垃圾堆里发现了唯独有个零件没生锈,依然闪闪发光,于是他敏锐意识到这可能与合金配比有关,由此获得重大发明。与此类似的还有硫化橡胶、青霉素的发明和中子、氩元素的发现。巴斯德说:"机遇只偏爱有准备的头脑",但有准备的头脑是通过突出的观察与发现能力才能够发挥作用的。①

其二,如何培养逻辑思维能力。现代学术体系的基本思维方法就是逻辑分析、推理、论证和理论综合。然而逻辑思维能力不是靠死记硬背就能够形成的,培养逻辑思维能力也需要注意其中的方法论问题。我在前面说过,我年轻的时候自学高等数学,对于培养自己的逻辑思维能力非常有帮助。后来搞数学哲学和数学思想史研究,也进一步强化了逻辑思维的训练。然而学过高等数学的人未必都有很强的逻辑思维能力。有不少人做数学题或搞数学研究时逻辑思维能力很强,但在工作和生活的其他方面却可能逻辑思维能力很差,甚至可能出现讲逻辑课的人自己思考问题和表达意见时不讲逻辑的情形。有人说学理工的人逻辑思维能力一般都很强,其实未必,有不少理工科出身的人在自己的专业领域里逻辑思维很清晰,但在日常生活和工作中逻辑思维能力很差。还有些人很会做题,很会考试,但这不等于有逻辑思维能力,因为他们做题的本事是靠"熟能生巧"训练出来的。逻辑思维在一些人手中只是一种工具,只是用来解题、讲课、谋生,并没有渗透到社会生活和精神世界的所有方面。

我接触过的一些学界前辈和友人有着非凡的逻辑思维能力,令人印象深刻。他们能在学术讨论过程中敏锐发现对方的逻辑错误,用严密的逻辑推理加以论证,而且不放过任何一个细节,可

---

① 德博诺编《发明的故事》,蒋太培译,三联书店,1986 年第 279-280,264,491 页。

以说达到"明察秋毫"的地步。具备这样的逻辑思维能力才是真正掌握了逻辑思维的精髓。记得我读硕士研究生时的导师刘凤璞教授举过一个例子,说不少人在谈到"什么是几何公理"的时候,时常说"两点之间直线最短"就是一条几何公理,其实这是一条定理,是可以在欧氏几何公理基础上证明出来的,而欧氏几何五条公理中并不包括"两点之间直线最短"。这件小事给我留下很深印象,就是逻辑思维一定要非常严谨,不能有一点瑕疵。

培养逻辑思维能力的一条重要途径,是对自己的逻辑思维过程不断进行审视,发现其中不符合逻辑规律的地方。这不仅指发现自己思考过程中的逻辑矛盾,也包括发现在逻辑表述上不必要的成分。严谨的表述应该在逻辑上去除一切冗余,用尽可能简洁的语言把自己的观点陈述清楚,达到"缺一字不可,多一字冗余"的地步,这对培养自己的逻辑思维能力是非常有效的。《吕氏春秋》刊行后,曾有"一字千金"的说法,即吕不韦提出凡为此书增一字或减一字者可获千金。当然由于吕不韦位高权重,读书人一般不敢做这种事情,但这样说也显示出吕不韦的自信。将自己的文稿删减成尽可能简洁明快的形式,一直是我多年来的写作习惯,从中获益匪浅。

当然,追求逻辑上的严谨明快,并不意味着完全排斥现实生活中所有非逻辑的现象、对话和书面表达。有些人在交流中可能表现出逻辑思维混乱,或者有意混淆概念、转移话题、强词夺理,这种做法背后肯定有难言之隐。指出对方在逻辑思维中的问题,要考虑场合和效果。如果不是出于维护正当权益或行使职责的必要,当众揭示对方的逻辑思维错误往往使人很难堪。培养逻辑思维能力，还包括自己逻辑思维清晰，同时又理解和宽容他者逻辑缺陷的修养，这是年轻学者成长过程中也需要注意的。如果与人交流中处处显露自己的逻辑思维能力很强，谈话锋芒毕露，只能说是智商高而情商低的表现。逻辑思维不只是分析推理，也包括归纳、综合、类比；不只是形式逻辑，也包括辩证逻辑，需要全面地培养逻辑思维能力，才能在学术研究中充分发挥作用。

其三，如何培养直觉思维能力。直觉思维能力也称"悟性"，是不通过逻辑思维直接洞察事物本质的思维能力，因而是创造能力中更为关键的因素。很多人认为这是天生的本事。但直觉思维能力也是可以培养的，关键在于把握其规律，善于通过生活体验发现直觉思维的表现形态和作用方式

我对直觉思维的领会最早可以追溯到下乡务农和当工人的时期。无论种地还是炼钢，主要靠经验性的知识积累和熟能生巧的技能提高，但在时间、场合、工作条件等因素基本相同的情况下，总可以发现有些老农民和老工人技高一筹，在把握技术活动的"火候"上有过人之处。这就和直觉思维有关了，或者说他们在技术活动中有更高的悟性。我曾以为现代化的工厂里面靠的是科学技术知识和生产管理制度，个人的经验和技能只是辅助性的，熟能生巧，并非特别重要。如果将来机械化、自动化高度发达，没有人的参与生产一样能进行。社会上不少不熟悉工厂内情的人也有类似看法。然而我的亲身体验转变了这种观念，一些工人师傅的手艺和"绝活"在现代化生产活动中仍然是非常宝贵的资源。现代知识管理将这种资源称为"隐性知识"或"默会知识"，其中凝结着对科技知识、工艺标准、规章制度考虑不到的技术活

动细节、难题、复杂关系的深刻体验和调适能力，这就是靠直觉思维获得的，而这种能力在保证产品质量、生产安全、工作效率方面有着决定性作用。我所在的电炉生产班组的组长是一位文化程度不高的老师傅，话语不多，生活简朴，看上去平淡无奇，但他在掌握冶炼火候时非常精准及时。炼好的钢水出炉前要等一下炉前化验室的结果，有一次化验结果不达标，他居然敢"叫板"说化验结果有问题，事后证明他是对的，这一次化验过程确实出了误差，真是令人佩服得五体投地。

我对直觉思维的系统认识来自前面提到的对中国传统文化中"心—象—术"的思维模式和机体哲学认识论的研究，这就是运用中国传统文化资源初步建构了一个说明直觉思维机制的理论模型，这就是"取象比类—立象尽意—得意忘象—由道至理"，这实际上是用中国传统思想范畴解读直觉思维的过程，而这些范畴在西方传统认识论框架里没有直接对应物，但在现代现象学、解释学、隐喻理论研究中得到某些呼应。在这一思路引导下，我觉得在培养直觉思维能力方面，尤其应该重视"取象比类"能力的培养，在表面上看来性质差别很大的事物之间能看出"同构之象"，提取"共性之意"，通过格物致知的方式获得整体性的豁然贯通的理解。当然这需要积累中国传统文化的有关知识背景，实现中西文化知识的融会交流。中国传统文化的主要思维方式就是直觉思维，其中有很多可以用的研究资源，现代新儒家学者如梁漱溟、方东美、贺麟等老先生也都从不同角度对直觉思维进行分析研究。但我觉得需要把相关研究成果经过系统分析整理，转化成当代我国民众便于普遍接受的知识形态。这里最关键的事情是让人们的生活体验理性化、自觉化。我多年来一直主张在哲学教学中将知识转化成体验，曾得到过陈昌曙老师的支持和赞许，近些年来在教学中也有明显成效。

要将对直觉思维的认识转化成直觉思维能力，最重要的环节是在实践中学会如何不断深化体验能力，在解决实际问题的过程中锻炼直觉思维能力。实际上体验的素材就储存在以往的生活经历里，现在换个角度就可以从中发现有益的素材。我在从事技术哲学研究时，以往在农村和工厂时的体验就发挥了重要作用，而当时是不可能想得那么长远的。在思考产业技术文化观念对产品质量的影响时，我的直觉思维就立足于对农具、农业机械和工业机器差异的深刻感受。在农村，农具是直接由人操作的，而农用机械无论复杂程度如何都比较粗放，不怕风吹雨淋，可以使劲用到不能再用为止。使用农具和农用机械一般来说风险不大，用不着过多保养和维修，也没什么时间上的要求。可是在现代化的工厂里就完全不一样了，机器的运转、保养、维护有严格要求，各生产环节环环相扣，精准衔接，稍有不慎就可能出大问题。我每天面对的是钢水包里 1 500 ℃ 融化的钢水，如果人掉到里面瞬间就变成二氧化碳了。还有高频电弧熔化原料发出的闪电声、头上天车开过的轰鸣声、风锤和风铲的敲击声，一切都在时刻提示你置身于一个巨大机器体系的运转环境中，要精力集中，多加小心。现代化工厂里的技术强调严格的管理、严格的协作、严格的工艺标准，因而工人们要遵守严格的纪律，遇到突发事故时要紧密配合、分秒必争、全力拼搏，这和农业生产相对松散、悠然的氛围形成明显反差。这种体验对于我后来搞技术哲学研究有很大帮助，那些书本上很抽象的学说、观点在这种体验中都可以找到现实的对应案例。我也开始理解为什么有些乡镇小型机械加工企业在没有走上正轨的时候,生产的工业产品为什么往往质量不合格,因为那些小企业的经营者本来就是农民,他们可能会用对待农具的心态对待工业机械,管理比较松弛,平时不注意保养,觉得机器只要能转就让它一直转下去,就像使用镰刀和犁杖一样,这其实是农业文化和工业文化的观念冲突。

其四,如何培养创造性思维能力。前面说过,创造能力以观察与发现的能力为基础,还需要逻辑思维能力和直觉思维能力都很发达,才能形成创造性思维能力。然而有些学者的逻辑思维发达,但直觉思维并不出色。有些学者的直觉思维发达,但逻辑思维比较欠缺。逻辑思维和直觉思维都很突出的人并不多,但这种素质对学者提高创造能力来说极为重要。如何保证逻辑思维能力和直觉思维能力均衡发展,相互促进?这里需要注意以下几个问题。

一是要注意建构适合逻辑与直觉交互作用的知识基础。前面说过,我在提高自己逻辑思维能力方面收获最明显的实践活动是自学高等数学和以后对数学哲学的研究。数学是逻辑性最强的学科,以至于罗素将"数学"和"逻辑"看成一回事。有一定数学知识基础对于培养逻辑思维能力是极为必要的。如果有可能,最好再学习一些数理逻辑的基本知识,这样有助于形成对逻辑思维的透彻认识。此外,自然科学、工程技术、经济学、法学、社会学等学科对逻辑思维的需求都很强,这方面的知识基础对培养逻辑思维能力也很有帮助。我还读过一本《逻辑学的发展》[1],系统了解

---

[1] 威廉·涅尔、玛莎·涅尔:《逻辑学的发展》,张家龙、洪汉鼎译,商务印书馆,1985。

了逻辑学的发展史，对逻辑思维的本质特征和作用方式有了更深刻的理解。在直觉思维方面，需要对中外文化史上有关直观体验的观点、学说、史料和典型案例有广泛的了解，比如历史学家对重大历史事件的"宏大叙事"、社会学家对社会发展规律的各种观点、中外文化比较研究学者关于中外社会文化和思维方式的比较研究成果、科学思想史（特别是医学文化思想史），等等，都可能有助于直觉思维素材的积累。了解直觉思维的规律性，还需要读一些专门研究直觉思维特点的学术著作，如一些科学方法论著作中关于直觉思维特点的介绍、中国哲学史著作中关于魏晋玄学、禅宗学派、陆王心学思维特点的介绍、新儒家学者基于现代学术背景对直觉思维的研究等。

二是要理解逻辑与直觉交互作用的内在机制。前面说过，我在从事机体哲学研究的过程中，有一个很大的思想转变，就是不再把"逻辑"和"直觉"看作对立的两极，而是力图找到二者相互贯通、交互作用的机制，于是在机体哲学的认识论框架中提出"逻辑前提的直觉选择"和"直觉成果的逻辑追问"的观点。逻辑思维的出发点和前提本身不能靠逻辑确定，而是需要依赖直觉；而直觉思维成果的合理性是有条件、有适用范围的，这需要通过逻辑追问加以确定。这样逻辑和直觉就可以统一在整体性思维的框架里，相互促进，相互补充。逻辑思维适用于已获得对象事物确切信息可以揭示出确定逻辑关系的情况，一般是将对象事物越分越细，不断"拆零"的。而直觉思维适用于难以全面获得对象事物确切信息但需要作出某些整体性判断和决策的情况，是一种不完全清晰的宏观认识。二者适用范围不同，所以才能相互补充、相互贯通。有些笃信逻辑思维效用的学者往往批评直觉思维模糊、含混,甚至具有神秘性,而有些喜欢直觉思维的学者往往批评逻辑思维过于死板、僵化,这都是没考虑到两类思维的不同适用范围和立论成立的条件。

三是要自觉培育能够使逻辑与直觉交互作用的实际能力。在具体的学术研究过程中,要发挥逻辑与直觉的交互作用,操作起来并不容易。在理工科学术研究中,如果解决规范性的具体问题,主要依赖逻辑思维能力。只有在选择科技创新的方向和突破口的时候,才需要适当发挥直觉思维的作用。当发挥直觉思维作用时,逻辑思维可能会起到一定的干扰作用,这时需要采取现象学家胡塞尔所说的"加括号"的方法,把习惯的逻辑思维知识体系"悬置"起来,实现所谓"现象学还原",这样才能从"生活直观""范畴直观"发展到"本质直观"。这一套办法比较复杂,需要训练,但好处是可以使直觉思维变得更精细、准确。[①] 在人文社会科学学术研究中,直觉思维的适用范围更广一些,但精确的概念分析、理论体系建构和观点学说的论证都需要严谨的逻辑思维。有不少人文社会科学研究成果缺乏严谨的逻辑分析和论证,往往凭直觉就提出所谓的新观点、新学说,在行文中经常可以见到"我认为……"或者"应该有以下几方面……"之类表述,此时进行逻辑上的追问是非常必要的。逻辑与直觉交互作用的实际能力,最终要体现在研究成果既有深刻洞察力,又有严谨表达形式上。而这是需要经过长期、反复的训练才能做到的。

逻辑思维能力和直觉思维能力均衡发展,有助于但不必然导

[①] 罗伯特·索拉可夫斯基:《现象学导论》,高秉江等译,武汉大学出版社,2009,第49、190页。

致创造性思维能力的形成。下面讲一个小故事。

　　2014年5月我去美国参加一场学术会议之后,顺路去麻省理工学院参观,听那里的教师讲过这样一个故事:有一天早上,有个教学楼的高层楼梯转角处,在内墙凸出的一个很狭窄的平台上突然出现了一辆小轿车,车身面积只比平台略小一点。这肯定不是开上去的,因为没有通道,而且再高超的车技也没法把车停在那里。这台小轿车又不是用吊车放上去的,这段时间里整栋楼里从没用过起重设备。那么这台车是如何放到上面去的呢?人们百思不得其解。原来,这是大学生搞的一场恶作剧。这座楼的高层楼梯转角处内墙上有个窗户可以让人从外面进入这个凸出平台。学生们把整台轿车拆成一堆零部件,分别用人力搬到那个小平台上,再组装起来。这其实就是分析与综合的思维方式的运用,并不复杂。可是这个主意是怎么想出来的?这就是创造性思维。看起来简直异想天开,实际上很合理,有可操作性。我们参观时看到这台轿车还停放在那里。我想这就是麻省理工学院的创新文化的象征吧,它对我们理解如何培养创造性思维能力很有启发意义。

　　关于创造性思维活动的特点和规律性,哲学界和心理学界都有很多研究成果,一些研究创造思维方法论的著作有很详细的介绍。但读了谈论创造性思维方法的书,并不一定就形成了创造性思维能力,这种思维能力的培养需要特定的途径。

　　要培养创造性思维能力,关键在于能够分辨认知对象的相关构成要素(包括显性的和隐性的要素、在场和不在场的要素、实体的和环境的要素），然后以新的方式组合成从未有过的观念模型，使之具有新的意义、价值和转化为现实的可能性。创造性思维需要一定的知识基础、对问题的识别能力、联想和类比的能力、直觉和体验的能力，需要对特定问题的长时间思考的积累，才可能在关键的时刻出现灵感和顿悟。有些人以为创造性思维就是别出心裁、异想天开、不按常理出牌，所以思考问题越离奇越好，实际上这种思考方式并非真正的创造性思维，因为它忽略了创造性思维必要的基础和外界条件，不可能产生任何有价值的思想成果和实际成果。

培养创造性思维能力，需要学会突破固定不变的成见、偏见和主见，不仅对已有的知识基础、流行观点和普遍认可的学说进行反思以至批判性思考，还要对自己长期形成的见解进行反思以至批判性思考。一个性格过于偏执、过度自信的人，可能对某些问题形成独到的见解，但缺乏自我调节、自我纠错的能力，主观信念和意愿不能根据客观情况的变化而及时调整，即使有些创造性的思想萌芽，也很难发展成得到学术界和社会上承认的思想成果，这样的人仍然不能称为具有创造性思维能力。

结　语

关于研究生如何开启"研究"之门的方法论的讨论,到这里就告一段落了。显然还有不少问题值得进一步探索。我的观点和切身体会只是一家之言,未必全面,很多具体做法未必适合其他专业和不同年龄段的读者,只能起到参考和借鉴作用。陈昌曙老师有一句格言:"老年人说不行的事情未必真就不行,因为他可能没经历过;而老年人说可行的事情多半可能真的就行,因为他可能有亲身体验。"我的见解也是如此。从我亲身经历过的事情中总结出来的经验体会,可能有较大范围的适用性,但不可套用,不可简单照搬,否则我就是"误人子弟"了。

注意学习和借鉴他人的学习方法和研究方法,毕竟不能代替创造性的思考。每个人的具体情况不同,有些最适合自己的学习和研究方法还需要自己创造,创新能力还需要自己培养。我在本书中对如何选择学术方向和目标、如何学以致用、如何摆脱学习中的困境、如何提高自己的思维能力等方面的经验和体会,大部分是自己总结出来的,甚至是经历了不少失败的教训才获得的。要创造具有自己特点的学习和研究方法,关键在于清楚地意识到自己的长处和短处,注意扬长避短。我个人的专业特点比较注重哲学思辨,而西方哲学研究传统比较强调逻辑分析,中国哲学研究传统比较强调直觉体验。有没有可能找到一条研究途径,能够兼顾二者之所长又避免二者之所短?这是我一直在探索的问题。这个问题实际上涉及中西哲学以至中西文化之间的冲突和交融,能够引申出很多挑战性的话题。我在方法论上的反思和创新一直聚焦于中西哲学的交叉领域,从科技哲学切入,延伸到哲学原理和比较文化层面。我的很多学习和研究方法就是在这样一个领域的探索中逐渐总结出来的,所以方法论上的创新需要选择一个充满创新机遇的领域,同时要考虑自己的知识结构和思维特点是否适合这个领域。

近一时期社会上流行着一个词叫作"内卷",意思是说一些事情内部竞争激烈又找不到出路,所以人们感到很焦虑。很多研究生觉得考研"卷"得很厉害,入学后竞争评优指标"卷"得很厉害,往期刊投论文"卷"得也很厉害,毕业后深造或者找工作同样有不少很"卷"的事情。在这种情况下,掌握开启研究之"门"的方法论,不断提高自身的研究能力和学术水平,是化解"内卷"状态的一条重要出路。本书并不是解决这方面问题的"方法大全",不可能适合解决研究生学习阶段的所有问题,而是给大家提供一些具有启发意义的观点和方法,希望同学们结合自己的具体情况,"举一反三,触类旁通",在自己的学术成长道路上不断克服困难,取得更大的进步。

附　录

附录一　读研究生时的一些亲身体会

我有过两段研究生学习经历。第一段是从 1979 年到 1982 年在东北师范大学读硕士研究生，第二段是 1997 年到 2000 年在职读博士研究生。这两段学习的起点、背景和目标不同，我的经历与学校里一路不间断读上来的研究生也不一样，但有些亲身体会还是相通的，整理出来对在读的硕士生和博士生或许有所启发。

我读硕士研究生的东北师范大学坐落在长春，是一所学术底蕴深厚的高等学府，在教书育人方面有着优良传统。那里有很多著名学者授课和搞讲座，有很多激发求知欲的学术活动，有和同学们一起讨论学术问题的氛围，这些都是主动接受专业学术训练的重要机会。但主动接受专业学术训练最主要的途径是在导师指导下开始搞相对独立的学术研究，在亲身参加具体学术研究的实践中了解专业学术标准和写作规范。

前面提到，我在读硕士研究生之前，已经在杨德荣老师等学界前辈指导下写过《怎样认识积分？》的小论文。虽然后来由于《自然辩证法丛刊》停刊未能发表，但论文已经改到可以发表的程度,所以我入学以后在锻炼写论文方面更加积极主动。当时一起入学的其他同学都读过本科,但不少人还不大熟悉写作学术论文。相比较而言,我的自学经历倒是使我比较适合研究生相对独立学习的特点。体现接受专业学术训练效果的一个基本指标,就是能在相关报刊上正式发表自己的文章,无论长短都是难得的,因为这是经过正规的学术同行评议的结果。我入学后不久,在《中国自然辩证法研究会通信》正式发表了第一篇小短文"学习恩格斯的写作风格",接着在 1980 年初发表了第一篇学术随笔"独创与独'撞'"(《潜科学》1980 年第 2 期)。我在读硕士研究生期间一直没间断写作,这为毕业后很快进入学术研究状态打下了比较坚实的基础。由于有导师指导、有比较充裕的自主安排时间、有查阅文献资料的便捷条件,锻炼学术论文写作就能够更快取得进步。有些研究生在入学后还在将主要精力用于课程学习有个好成绩,总觉得写论文不用太急,问题不大,这就低估了学术论文写作的重要意义和价值。专业学术训练主要不是通过课程考核进行的,而是在研究生接受导师指导和参加学术写作的过程中潜移默化进行的。在这方面越是主动,研究生的学术能力提高就越明显。

硕士研究生期间一般没有单独发表小论文的要求,很多同学以为集中精力写好一篇硕士学位论文就足够了。按照我的体会,这样远远不够。有谁能保证硕士研究生三年学习期间只写作这一篇学位论文,就能够直接达到合格水平?有谁能保证写出的第一篇学术论文投稿马上就被相关期刊采用?不能排除极端情况,但绝大多数情况下,硕士研究生在读期间要有写过几篇论文的经历,才能学会写出一篇合格的学位论文。研究生给期刊投稿,大都是投出几篇稿子才可能被采用一篇,而且期刊层次越高,稿子的录用率就越低。所以我建议硕士研究生要勤于写作,多多益善。我到高校工作后给自己定的学术论文写作任务量可能比较极端。我觉得能够让自己比较安心的状态是平时至少有一到两篇稿子已经被确定录用等待刊发,至少有两到三篇稿子已经投出去等待审稿,至少有两到三篇稿子正在写作和修改之中。这个工作量可能超出很多高校教师的设想,但我的体会是只有这样才能保持学术成果的持续增长和提升。而这种工作状态实际上是我在读硕士研究生期间就为之努力的。

读硕士研究生期间另一点亲身体会是不要把学术研究理解得过于简单化,以为写学术论文只需要文字功夫,至于论文的框架结构、表达方式、写作规范,只要找几篇已经公开发表的论文参照模仿一下即可,没什么了不起。有些研究生的学位论文题目实际上是导师指定的,论文的框架结构甚至创新点都是在导师或导师组反复帮助修改下确定的,所以自己用不着太动脑筋。这些研究生对于学术研究的过程和方法论问题并没有很深的体会,没有将专业学术训练作为提升个人学术素养和能力的必要途径,因而在培养独立开展学术研究的能力方面也没有明显收获。一旦毕业后离开学校进入工作岗位,周围的领导和同事很可能感受不到读了研究生对这些同学的成长有什么实实在在的影响。

我在读研究生之前长期处于自学状态,一旦进入研究生学习环境,就对正规的学术研究本身的特征、范式、方法有着更深切的体会,知道这些要素对于一个学者的成长具有何种意义和价值。读研究生期间接受的专业学术训练,不仅仅是系统地上专业课程、听讲座、写课程论文和学位论文,更主要的是在导师指导下按照专业要求开展学术研究、参与专业学术交流、了解学术规范和评价过程,这是需要发挥主观能动性的,需要不断反思自己以往在处理这些问题上存在哪些弱点和局限性,自觉加以纠正。如果没有经过这种训练或者训练不到位就开始自己搞学术研究,在纯粹自学的基础上创造知识,实际上是很危险的事情。在读研究生之前,我还曾一度相信完全靠"自学成才"或许会创造奇迹,解决重大学术问题。当接受了专业学术训练之后,才明白这种幻想相当"不靠谱"。现代社会生活的一个基本特征是高度专业分工,在学术研究领域更为明显。前面提到,我曾接触过若干"民间科学家",他们的奋斗目标是攻克至今尚未解决的世界性难题,比如研究"超光速"、推翻相对论、证明"哥德巴赫猜想"等,成为轰动世界的大科学家。他们的执着精神和艰辛努力超乎常人,令人感动,但选择的方向和道路是错的,而他们很少听得进别人的劝告。这些人经常以爱因斯坦为榜样,说爱因斯坦在成为物理学家之前只是瑞士专利局的一名普通职员,他的很多课程是自学的,创立相对论只是他个人奋斗的结果,这种说法诱惑了很多"民间科学家"产生类似梦想,为此不惜拼搏一生。其实爱因斯坦毕业的瑞士苏黎世联邦理工学院是世界名校,他接受过严格的物理专业学术训练,他在创立相对论时运用的"张量分析"方法是数学最前沿的方法。作为理论物理学家,他可以独创一种具有划时代意义的新理论,但他的学术经历并没有脱离专业研究的学术环境。在专业科技人员队伍里,是否有人可能在非专业领域凭一己之力取得某项重大科学发现?当然不能绝对排除这种可能性,但一定要看这种努力是否在专业学术轨道上进行,比如是否了解学术前沿的最新进展,是否掌握了攻克世界难题的必要理论工具,是否有初步研究成果得到学术界同行评议的认可,等等。如果没有这些标志性进展,很可能就是在学海里纯粹冒险甚至赌博。我在初中开始了解物理学的未知世界时,也曾感受到类似的思想诱惑,但通过专业学术训练逐渐意识到此路不通,应该把时间和精力用到更有把握的方向上去。这个转折对我来说非常重要。如果在读的研究生想将学术研究作为毕生事业,就需要对学术研究本身的特征、范式、方法有更深入的理解。

读硕士研究生期间还有一点亲身体会,就是通过仔细琢磨研究生学术方法论的相关问题,自己学会纠错。在进入大学校门之前的自学生涯中,我对学习方法的摸索是自发的,走过不少弯路,吃过不少苦头。但从许多经验教训中总结出一条规律,就是必须注意时时反思和调整学习方法,不给自己找借口,也不犯同样的错误,这就是孔子在讲弟子颜回的优点时所说的"不迁怒,不贰过"①。在艰苦的自学环境中,能够坚持下来并不断有所进步,这是十分重要的因素。读研究生之后,开始把这个问题上升到方法论层次上思考,这时对方法论自觉反思的必要性就有了更加清晰的了解。这方面的体会对毕业后从事教学和研究都极有益处。

我于1997年到2000年在职攻读博士研究生,这一段学习的亲身体验与硕士研究生阶段的亲身体会又有很大不同。我当时的身份很特殊,一是年龄较大,已经47岁;二是评上教授已经四年,在专业学术发展上已经有了一定积累。在这种情况下读博士

---

①《论语·雍也》。

生，在国内高校中很少见。我当时确实有一个想法，就是将来要想当好博士生导师，自己一定要经过博士生阶段的专业训练，而读博士生的时候一定要定位好自己的博士生身份，认真听课、完成作业、参加讨论、写博士论文，完全按照博士研究生的常规培养标准来自觉要求自己，保证优质地完成学业。这样才能知道培养博士生需要注意哪些问题，以及怎样克服博士生成长过程中的各种障碍。

我到东北大学读博士生的时候，结识不少科学技术哲学专业的博士生同学，其中一些人后来成为国内各高校技术哲学领域的带头学者，而他们的特色研究方向与当初做博士论文的选题基本一致。结合他们的学术发展历程和我的体会，我觉得一定要意识到博士阶段的学习是为培养专业学者设计的，更注重独立开展学术研究的能力。如果将来要以学术研究为生，在博士阶段就需要尽早进入研究状态，包括尽快确定研究方向和课题、全面收集和阅读国内外相关文献资料、了解研究动态、写作小论文投稿，起到"投石问路"的作用。东北大学科学技术哲学博士点之所以在国内技术哲学发展中起到很大引领和推动作用，与当时导师组各位老师给博士生们确定研究方向的战略布局有很大关系。在读博士生的近三年时间里，我亲身体验到在不同方向开展研究的博士生同学们相互交流和切磋的益处。我对技术创新哲学、技术创新与制度结构、技术悲观主义、国外技术哲学流派等方面研究动态的了解，很多来自博士点学术交流活动的收获。现在有些博士生同学对于所在博士点的学术交流不大热心，觉得别人的研究与自己没有多大关系，实际上错失了很多宝贵的学习机会。

读博士生期间的另一点亲身体会是亲身感受博士生的成长过程。我在读在职博士生之前，已经在数学哲学、科学思想史、科学文化等领域有过一些研究积累，发表过一些著述。刚开始读博士生时还有一种预期，以为在职读博士学位只是按照培养流程修一些课程、参加一些学术活动、完成一篇学位论文，可能不用费多大气力就能够顺利完成学业。然而进入培养过程之后，逐渐意识到这里面还有一些值得深入思考的地方。读博士生不同于以往自主开展的学术研究，需要在导师指导下选择研究方向，逐渐形成明确的问题和思路，开展比较系统、全面、深入的学术研究，形成有特色的思想观点，并加以充分论证。这个过程不是博士生自己独立完成的，而是需要和导师不断请教、沟通、讨论，在这个过程中学习导师的治学之道和对博士生培养标准的把控。最终形成的博士学位论文不只是博士生自己的努力成果，也是导师学术事业的组成部分。我在陈昌曙教授指导下做博士学位论文，最初的研究构想虽然得到他的认可，但在观点、思路和方法上得到他的很多指导，经过多次讨论，直到最后定稿，他付出很多心思和精力。我从中体会到，这个博士生导师确实不是好当的，要按照博士生的合格标准把一个原来不了解博士生培养过程的学生一步一步带出来，这中间要消除很多相互理解上的障碍，发现很多认知上的症结所在，通过关键时刻的点拨使其思想观念和研究能力逐渐成长。这个过程有些类似教练员培养体育运动健将的过程，其中有很多属于隐性知识传授的过程。顺便说一下，在和导师请教讨论问题之前，需要做好充分的准备，因为导师一般都很忙，时间有限。如果博士生事先准备不充分，见面讨论时泛泛而论，不得要领，谈不到关键问题，就会增加导师的工作压力，这也是对导师的不尊重。我每次去陈老师那里，事先都有充分准备，所以效率很高。这一点也希望博士生同学引以为鉴。

读博士生期间还有一点亲身体会是需要发挥学习的主动性。读硕士期间的学术训练都是基础性的，每个培养环节规定得很细致，即使研究生本人学习不够主动也能被团队带着往前走，只要努力基本上都能顺利毕业。而博士生学习阶段的主要任务是自己开展学术研究，导师无论如何也不能代替学生的自主努力，不可能替代学生思考、调整、写作、实验、总结，导师的指导作用是以学生的自主努力为基础的。我在职读博士生前后用了两年半时间，不只是因为原来有一定研究和写作基础，主要的原因是从入学开始就主动进入博士生的学习和研究状态，在每个环节都尽早做好充分准备，时间上尽可能往前赶，使导师的指导实现效益最大化。我在这段学习期间也看到有些同学比较被动，怕见导师，怕挨批评，许多事情拖到临近时间下限才着急，这样难免拖延在读时间，迟迟不能毕业。有些博士生面对导师的批评意见，只是有针对性地修改论文，甚至希望导师告诉应该如何修改，自己的主动思考作用一直没有体现出来。这样的学位论文写作肯定是"碎片化"的，整体思路不可能畅通，很难达到博士学位论文的应有标准。

培养研究生学术能力的关键环节是主动接受导师指导，同时又不处处依赖导师指导。有些研究生入学伊始就对导师有畏惧感，担心导师看出自己的毛病，担心受到导师批评，担心导师形成不好印象，于是尽可能躲开导师，不愿意主动汇报自己的学习进展和存在的问题，所以进步较慢，形成恶性循环。研究生刚开始接触学术研究很多地方不懂、不会是正常的，提出各种不成熟的想法和观点也都是正常的，在老师和同学们面前暴露自己的毛病没什么了不得，关键在于能否在导师指导下迅速改正，并且不犯第二次错误。在培养自身学术能力上讳疾忌医，只能延缓学术能力的提高速度。然而主动接受导师指导并不意味着凡事都要到导师那里寻找确定答案，并不意味着自己可以不动脑子，一直依赖导师帮助提供思路、观点、结论，甚至帮助改出论文成稿。培育学生成长不能拔苗助长，不能包办代替，不能急于求成，要使学生自己有一个通过磨炼成长的过程。这恰如从小过于呵护孩子，总是担心小孩子磕磕碰碰，其实并不利于他们的顺利成长。

附录二 指导研究生的一些深切感悟

我从 1997 年调入沈阳师范大学后才开始招收科技哲学专业硕士研究生，2000 年后曾经在东北大学协助陈昌曙教授指导过科技哲学专业的博士研究生，向陈老师学过指导研究生的思路和方法，一直深受教益。2002 年开始在大连理工大学招收科学学与科技管理专业的博士研究生，2007 年开始招收哲学专业的博士研究生，以及其他学科一些相近方向的硕士研究生。到目前为止，我先后招收了科技哲学、科学学与科技管理等专业的博士研究生 30 多名、相关专业的硕士研究生 60 多名。已经毕业的研究生走上自己的学术发展道路之后，现在很多人已经成为一些高校的副教授、教授、博士生导师，或在其他工作岗位上取得优异成绩。

在刚刚进入学术研究领域的时候，研究生大都还很稚嫩，像是还没有经过打磨的璞玉，很难估计他们将来会发展到何种程度，取得何种成就。有些研究生较早显露出知识优势和研究方面的才华，后来发展也不错，可是缺乏发展后劲的学生也不少；有些研究生开始看上去没什么特色，后来却异军突起，进步非常明显。大多数学生居于这些极端情况之间，通过研究生阶段学习都有不同程度的进步。在我指导过的研究生中，成长最快的学生是那些勇于探索、不放过每次锻炼和成长机会的学生。他（她）们在需要全力以赴投入时间与精力的时候能够不分神、不怕吃苦、不怕挫折，主动反思自己的薄弱环节并尽快加以改正。有一位博士生在了解到一次国际技术哲学大会将评选博士生提交的优秀论文时，很勇敢地参与投稿，居然最后成为获奖的来自世界各地的六名博士生之一，亚洲只有她一人。还有一个学生做博士论文开头有些漫不经心，但接受批评意见后改得很快，而且每改一稿就按顺序标记一次，一直改了近百次，最后自己觉得在学术写作上"有一种脱胎换骨的感觉"，我觉得这时他才真正成长起来了。我有几位博士生曾在美国、荷兰等国联合培养或参加国际学术活动，他（她）们主动与这些国家的学者和学生交流，大约一年左右就过了语言关，能够流利地交流与写作，后来的学术发展都很有后劲。当然，也有些学生本来基础很好，但不够抓紧，在学术上成长相对慢一些。我接触过有些研究生把学术训练当成导师和导师组对自己的硬性束缚，每当课程考试、开题、中期检查、预答辩时都有"过关"的感觉，选择导师时首先看要求学生是否严厉、较真、挑剔，遇到这样的导师就绕着走，这种心态就把自己置于被迫成长的地位上，很难尽快成才。

回想起来这些年来指导研究生的经历，我逐渐有了这样几点深切体悟。

其一，指导研究生必须"因材施教"。我指导的研究生在考取研究生之前来自不同专业，有着不同的生活经历，在知识基础、实际能力和性格特点方面差别很大，但是研究生培养过程和标准是共同的，这意味着必须处理好研究生成长中个性与共性的关系，为不同的学生选择适合其特点的成长路径，用不同方法解决他们成长过程中的不同问题。现在有些研究生觉得自己的导师指导不同的学生有不同的思路、方法、标准，感觉是否有厚此薄彼的倾向，这里很可能没有考虑到是否"因材施教"的因素。孔子倡导"有教无类"，对不同思维类型、性格特征、社会背景的学生一视同仁，教师都要尽到应尽的责任和义务。这句话人们经常引用，但做到并不容易，教师和同学们对此都要充分理解。

我在科技哲学专业招收的研究生，一部分人原来是理工科背景，一部分人原来是纯文科背景，还有一部分人是哲学背景。由于他们的知识结构和思维特点差别很大，因而需要设计不同的培养路径。理工科背景的学生在科技专业知识和逻辑思维能力方面有优势，但需要在哲学知识基础和方法论上下功夫，适合选择当代科技发展中提出的科技哲学，特别是科技伦理方面的现实问题，在探索过程中提升哲学素养和理论水平。有几位理工科背景的研究生在科技哲学和科技伦理研究中充分发挥了原来的理工科优势，体现出独特的研究视角，在工程伦理的实践有效性、技术伦理的内在主义研究进路、网络中的虚拟自我、人工智能对"思维碎片化"的影响机理等方面，都作出了质量很高的学位论文，有些研究生多年之后在这些方向上仍继续有产出。我指导过的纯哲学背景的研究生在哲学基本理论、哲学史和批判性思维能力方面有优势，但需要在了解科技前沿成果及其社会影响上下功夫，所以适合比较注重理论思辨，从现实问题中总结概括哲学一般性问题的研究课题。有几位纯哲学背景的研究生在人机关系的机体哲学研究、现代技术与奢侈浪费关系的哲学透视、人形机器人设计的伦理问题等方面取得了质量很高的研究成果。还有些其他文科背景的研究生比较适合发挥文献梳理和人物研究方面的优势，有几位研究生在研究著名技术哲学家的学术思想、学术史上重要观念演变等方面也作出了质量很高的研究成果，如米切姆工程伦理思想研究、中国古代文学中的技术观、亚里士多德的"techne"概念及其现代价值，等等。对不同类型的研究生的培养采用"因材施教"的路径，有助于他们扬长避短，在不同领域取得重要的学术进展。

其二，培养研究生需要锻炼独立开展研究工作的能力。研究生的成长需要导师的指导，但导师的指导是为了他们将来独立发展时不再需要导师的指导。如果总是代替学生去思考和提出创新点，事先给他们规定研究活动中每个环节的具体做法，他们很难体验到"研究"是怎么一回事。锻炼独立开展研究工作的能力并非放任，当出现问题时需要及时纠偏。管得过多或者管得过少都是极端的倾向。我也见过有些研究生很有主见，但往往把各种批评意见甚至导师的意见都视为偏见，不愿意认真接受，所以往往出现"较劲"的倾向。要说服他们会很费力气。这时如果放任不管，很可能无法按时完成学业；但是强制其接受意见，又可能使其乱了方寸。研究生导师在这种情况下压力很大，需要付出更多精力和时间去做纠偏工作。师生之间如果在具体的研究思路、方法、观点上发生分歧，很难一两句话就完全化解矛盾。我不赞同凭借导师的权威地位让学生无条件服从，但我希望研究生对导师的意见更多一些重视,多从不同视角审视自己的观点可能存在的问题。要独立思考,但不能任性,这对于顺利完成学业很关键。

有些时候,研究生也可能遇到对自己已有思路、方法、观点的批评意见,甚至评审时遇到挫折,导致信心不足,感到论文写不下去,改不下去。此时需要导师在关键时刻帮扶,也需要同学们自己振作起来,摆脱心理困境。要想锻炼独立开展研究工作的能力,需要学会化解批评意见,抗挫折,抗压力。要意识到外来的批评意见有助于完善自己的研究成果,即使对方不理解也说明我们在表述上可能容易使对方误解。我指导的研究生中有些人经历过这种事情,经过磨炼后都进一步提高了研究能力和论文质量。

其三,培养研究生参与国内外学术交流的能力,有助于研究生开阔眼界和思路,更快地提高研究能力。我所在的大连理工大学科技哲学学科团队比较重视国内外学术交流对研究生尽快成长的作用,使研究生有机会同国内外著名学者直接接触,建构一个开放的学术交流环境。有些研究生有机会到国外高校联合培养、在国内外学术会议上听报告和发言,他们的学术水平和语言交流能力得到明显提升。有些研究生开始在这种场合有些胆怯,生怕说错话,不敢和国内外学者主动交流,这样在学术上的进步速度明显变慢。现在有些研究生对于主动参与国内外学术交流不够热心,觉得如果不是必备条件就不想投入很多精力,这实际上是一种短视行为。我指导的研究生中,主动参与国内外学术交流的同学在毕业后的事业发展都很有潜力。有些研究生和曾经接触过的国内外著名学者一直保持联系,有些人后来申请国家和省级科研课题都利用了国内外学术交流方面的优势。"眼界决定境界","学缘"影响事业,研究生学习期间的国内外学术交流是非常难得的学习机会。

我之所以要在这里谈指导研究生的一些切身体会,是希望研究生了解从导师的角度希望学生具备什么样的学习态度和心理品质,以便更好地协调师生关系。研究生导师与学生的关系,既不是家长和子女的关系,也不是传授技艺活动中师傅和徒弟的关系,与大学本科任课教师与本科生的关系也有很大区别。因为这里多了一个"研究"的因素,导师的职责是培养研究生的学术研究能力,这种师生关系有其特定的要求和规律性,需要导师和学生两方面去主动适应。研究生导师是在培养研究生的过程中成长起来的,好的研究生导师的标志是培养出优秀的学生,不仅要把原来研究基础好的、学习刻苦努力的学生培养成才,还要把原来基础存在某些缺陷、个性很强的学生也培养成才。研究生入学前后,都有师生相互联系、相互选择的机会,但当时的了解往往是比较表面化的,有些深层次的问题需要在培养过程中逐渐显露出来。可是一旦确立了师生关系,双方就都有了相应的责任,需要相互理解、相互适应、相互支持。关于研究生学习方法论的讨论,都是围绕着这种特殊的师生关系展开的。在这种意义上,研究生如何开启研究之"门",不是师生任何一方可能单独完成的,需要相互配合,共同努力。